一线教育·作品

1-2年级，
塑造孩子一生的关键

2NIANJI SUZAO HAIZI YISHENG DE GUANJIAN

方 舟◎主编

幼儿园大班　　　　　　　小学1-2年级

朝華出版社

图书在版编目(CIP)数据

1-2 年级,塑造孩子一生的关键/方舟主编. –北京:
朝华出版社,2009.7
ISBN 978-7-5054-2160-8

Ⅰ.1… Ⅱ.方… Ⅲ.家庭教育:儿童教育 Ⅳ.G78

中国版本图书馆 CIP 数据核字 (2009) 第 108499 号

1-2 年级,塑造孩子一生的关键

作　　者　方 舟

选题策划　杨 彬　王 磊
责任编辑　王 磊
责任印制　张文东
封面设计　大象设计

出版发行　朝华出版社
社　　址　北京市车公庄西路 35 号　　　　邮政编码　　100048
订购电话　(010)68413840 68433213
传　　真　(010)88415258 （发行部）
联系版权　j-yn@163.com
网　　址　www.mgpublishers.com
印　　刷　三河市三佳印刷装订有限公司
经　　销　全国新华书店
开　　本　787mm×1092mm 1/16　　　　字　　数　250 千字
印　　张　16
版　　次　2009 年 8 月第 1 版 2019 年 7 月第 8 次印刷
装　　别　平
书　　号　ISBN 978-7-5054-2160-8
定　　价　29.80 元

写在本书前面

从幼儿园大班说起

要上学了,6岁的贝贝格外兴奋, 他兴奋地一起跟妈妈去采购文具、跟爸爸一起到小学校园里去参观……但上学一周后,这小家伙的兴奋劲儿不但消失得无影无踪,而且几乎每天都不肯去学校,而是缠着妈妈送他去幼儿园。

作为家长,孩子对旧环境留恋的那种心理我们可以理解,但他们总不至于因为留恋幼儿园的环境而放弃小学生活吧?

在多年的小学教学生涯中,我发现,每年9月份,在一年级的新生中,像贝贝这样的情况很普遍。他们要么对学校充满了排斥、要么总是不能适应小学生活……对此,很多心理学家给出的解释是,从幼儿园到小学,并不是简单的环境和课程的改变,在这个过程中,孩子的心理也发生了巨大的变化。

一个刚入学不久的孩子动不动就会因为一点小事发脾气,动不动就闹着不去上学了……孩子的妈妈发现孩子的状态不对,在她的引导下,孩子终于说出了自己的心里话:

你们以为上学很简单吗?上学很累的。在幼儿园的时候,当我们渴了的时候,老师就会给我们拿水喝,但在学校,当我渴得要死时,老师

也不会管我；在幼儿园的时候，我们总是做游戏，回到家后也可以玩玩具，但上学后，不但每天要在学校学习，回到家后还有很多作业要做；在幼儿园时，中午我们可以躺在床上睡一会儿，而且根本不用害怕迟到，但自从上学后，我每天都害怕迟到……

的确，就像上面这个孩子所说的，小学与幼儿园有很大的不同。一般来讲，这些入学不久的孩子要面临三个方面的问题：

一是陌生的人际环境。陌生的校园、教室、老师和同学，会给孩子带来一定的新奇感，同时也很容易造成他们心理上的焦虑和不安。

二是陌生的学习方式。从幼儿园到小学，是由一个轻松活泼的学习方式，到一个相对比较正式、紧张的学习方式的过渡。在这个过渡中，孩子常常会因为不能适应而产生心理压力。

三是完全不同的作息时间。在幼儿园中，孩子一般不会有迟到的概念，即使他们因为贪睡而迟到，老师也不会责怪他们。但在小学却完全不同，它要求孩子们必须严格遵守作息时间，而且孩子一旦迟到就会受到惩罚。所以这在一定程度上也会促使孩子产生很大的心理压力。

读到这里，也许有家长会说："我家孩子就没有心理压力，都入学两周了，他仍然很兴奋，为自己成了一名小学生而兴奋。"

是的，对于大多数的孩子来说，在入学之前，或者刚刚入学的那段时间，他们都会表现得特别激动和兴奋，他们为自己成为一名小学生而感到自豪，为自己能够接触这样一种全新的环境而感到兴奋……孩子的这种状态是很正常的，这是大多数孩子都会经历的一个时期——兴奋期。一般来讲，孩子入学后都会经历这样三个时期：

第一个时期就是上面所述的兴奋期。在这个时期，孩子会异常激动，并常常会充满自豪感，有非常强烈的想做好学生的愿望。

第二个时期是厌倦期。在开学一个月，孩子的新鲜感会逐渐消失，加上学校生活让他们感觉以后受到了纪律的约束，生活上感受到了紧张感,学习上感觉到了困难……这时,很大一部分孩子会感觉到很大的心理压力。因为这种心理压力的存在,他们常常会产生不愿意上学的想法。

第三个时期是适应期。在这段时期,孩子对学校的环境已经非常熟悉,而且他们对学校产生了一定的归属感;他们已经完全适应了这种与幼儿园不同的生活和学习方式,并且已经慢慢喜欢上了小学生活。

读到这里,家长们肯定会问:"孩子从厌倦期过渡到适应期,需要多长时间呢?"

的确,这是家长们最关注的问题。对此,作为从教多年的小学老师,我从来都这样对那些迷茫的家长解释:对于不同的孩子来讲,这个过渡期是完全不同的。也许有的孩子一两个月就能顺利地度过这个适应期,但有的孩子也许一两年,甚至更长的时间都走不出厌倦期。也就是说,也许到了小学二年级,孩子的内心还一直对小学充满着反感,他们甚至还想回到幼儿园去。

那么,家长应该如何做,才能帮助孩子完成从幼儿园到小学的这种过渡呢?

关于这个问题,我给家长们的建议是,家长在孩子上幼儿园大班时就应该做好准备。也就是说,当孩子在幼儿园大班时,家长就应该有意识地让他们去认识或接触小学生活了,从而促使他们在心理上对小学有正确的认识。

在教师们的经验交流会上,我曾听一位幼儿园的老师这样分享自己的经验:

当孩子们刚刚升入大班时,我开始有意识地按照小学的方式来教育他们:

以前我总是无微不至地照顾他们的生活,例如,当他们说口渴时,我就会把提前准备好的温水给他们喝。但现在我要求他们自己从家里带水,口渴时自己拿水喝。

另外，对于到园时间，我也做了明确的规定，虽然孩子们都把迟到看成了家长的责任，但他们也必须因为迟到而受到惩罚。例如，我会罚他们帮助我收拾玩具、和我一起打扫卫生等。

当然，在条件允许的情况下，我还会带他们去附近的小学转转，让他们提前熟悉一下学校的生活，并有意识地给他们讲一些发生在小学生身上的趣事，从而激发他们对上小学的渴望。

因此，从我们班走出去的孩子，一般都能很快、很顺利地度过从幼儿园到小学之间的过渡期。

从这位老师的讲述中我们可以看到，这位幼儿园老师非常称职。她了解孩子们的心理成长历程，她知道从幼儿园到小学的这种过渡，是孩子心理成长过程中的一个重要转折。

然而，并不是所有的幼儿园老师都会采用这样的教育方式，确切地说，大多数的幼儿园老师都不会采用这样的教育方式。但如果孩子在入学之前对小学一无所知，或者他们从来没有过迟到后被惩罚的经历，那孩子很有可能就会不适应小学生活，或者他从幼儿园到小学的过渡期会持续很长一段时间。所以，不管孩子在幼儿园有没有接受过类似于小学状态的教育，家长都应该提前做好准备，提前让孩子对小学有一定的了解，帮助孩子平稳度过幼小衔接期。

具体来讲，当孩子在幼儿园大班时，家长们就应该做以下几点努力：

一，带孩子去熟悉小学环境。

在我的教育生涯中，我常常会遇到这样的孩子，他们需要上厕所，但又羞于对老师讲，以至到最后尿了裤子。就是由于这件小事，他们成了同学们嘲笑的对象。家长们可以想象一下，在这种状态下，孩子能喜欢小学生活吗？

另外，心理学家也表示，如果孩子提前熟悉了小学环境，孩子很容易产生归属感。例如，熟悉校园环境的孩子可以像主人一般带同学们去厕所、带同学们去操场上玩，这种主人一般的归属感可以帮助他们快些与同学们接触，而且还可以促使他们进入小学状态。所以，在这个意义上说，在幼儿园大班时，家长带孩子去熟悉小学校园环境是非常必要的。

二，培养孩子正确的时间观念和纪律意识。

我就曾遇到过这样一件事情：

那是国庆节前的一个周六，为了保证长假的连贯性，国家规定这天也上班。这天下午，我从学校回家取一份重要的讲义，但走到小区门口时，看到楼下 5 岁的玲玲正和奶奶在小花园里玩。我走过去关心地问老人："孩子怎么了，怎么没去幼儿园？"

孩子的奶奶无奈地说："这小家伙看到台历上今天的日期是红色的，就一口咬定今天是休息日，说什么也不肯再去幼儿园。"接着又说："不去就不去吧，反正幼儿园又不像学校那样严。"

的确，幼儿园与学校的最大区别之一就是，幼儿园的约束力要比学校小得多。在大多数家长的观念中，孩子去幼儿园就是去玩，一天两天不去没有太大的关系。虽然幼儿园都规定了孩子到园的时间，但家长们仍然会认为，迟到没有什么关系；而且，即使是因为孩子的原因而迟到，例如，孩子磨蹭、不想上幼儿园等，家长也会把责任都揽在自己身上，他们会这样对老师说："都怪我，起床晚了，害得孩子也迟到了。"

也许大多数的家长都认为自己的做法非常正确，而且还会为自己的这种行为找出充分的理由："我不想让孩子过早地感受到学习的压力。"但需要指出的是，如果长久如此，孩子就会越来越没有时间观念和纪律意识，在这种情况下，孩子会变得越来越懒散，并且任何规矩都将对他们失去约束作用。受这种懒散观念的影响，进入小学这种相对比较正式和紧张的环境中，孩子肯定会因为"不堪重负"而产生厌学甚至是弃学的思想。

所以，为了使孩子能够尽快适应小学这种相对紧张的环境，家长不妨从孩子幼儿园大班开始，就跟他们一起玩"小学环境模拟"的游

戏。例如，每天都要求孩子不早退、不迟到等，有意识地培养孩子的时间观念和纪律意识。

三，有意识地锻炼孩子的自理能力。

在幼儿园，老师的主要任务之一就是无微不至地照顾孩子的生活。但在学校，老师的主要任务就是教孩子学习。所以，当孩子入学后，因为不能接受老师这一角色的变化，他们常常会产生被忽视、被抛弃的心理。在这种心理的影响下，孩子可能会因为怀念幼儿园的时光而排斥小学生活；他们还有可能惧怕老师而不敢跟老师接触；也有可能会通过捣乱行为来吸引老师的注意力……但不管是哪种行为，这都不利于孩子尽快适应小学生活。

所以，从幼儿园大班开始，家长就应该有意识地培养孩子的自理能力。例如，家长可以告诉孩子，在幼儿园里，可以自己做的事情一定不要麻烦老师。如，家长可以让孩子自己带瓶水，当口渴时不用再请老师帮忙；家长还可以鼓励孩子帮助老师做一些事情，例如，帮老师收拾玩具、摆放桌椅等。长久如此，进入小学后，他们的自理能力一般都不会差，当然也不会再像以前那样苛求老师的特殊照顾。对于这些刚刚入学的孩子来说，这种状态将能很好地帮助他们度过从幼儿园到小学的过渡期。

四，引导孩子认识到自己的身份发生了本质的变化。

看到这个题目，也许有家长会问："从幼儿园到小学，孩子的身份有变化吗？或者说，孩子的身份应该发生变化吗？"

的确，这一阶段孩子的身份发生了很大的变化。不管是在幼儿园小班还是大班，只要还在上幼儿园，孩子们一般都会有这样一种心理："我是小孩子，我就应该受到老师和家长的特殊照顾。而且即使我犯了错误，老师和家长都不能严厉地批评我，因为我是小孩，我还不懂事。"但如果入学之后，孩子还保持这样一种心理，那他们的心理将常常会受到打击：

当他们犯了错误时,老师的"铁面无私"很可能使他们怀疑老师是否对他们有偏见;

当他们因为小事而跟同学争吵时,同学的"丝毫不退步",促使他们开始产生怨恨情绪;

当他们遇到困难时,家长和老师未能及时"拔刀相助"会引起他们强烈的不满;

……

其实,入学之后,孩子的心理之所以会常常受到打击,是因为他们的心理并没有跟随身体一起成长。而这往往会很大程度地影响孩子对学校及学习的看法,很容易促使他们厌烦情绪的产生。所以,在这种情况下,他们需要家长的帮助,需要家长引导他们认识到自己的身份已经发生了本质的变化。

在孩子还在幼儿园大班的时候,一位家长就经常跟孩子玩答记者问的游戏:

家长是记者,孩子是被访人。"记者"这样问"被访人":"听说你快要成为小学生了,能谈谈你的心情吗?"

"我的心情很激动,我为自己将要成为小学生而自豪。"被访人老练地回答道。

"将要进入到一个全新的环境中,你会有什么心理负担吗?"

"暂时没有。"

"你觉得如何才能成为一个合格的小学生呢?或者说,合格的小学生应该具备哪些素质?"

……

"你觉得你能够适应小学那种与幼儿园不同的学习环境吗?"

……

"你如何看待犯错后老师的惩罚?"

……

可以说，这位家长非常聪明，他与孩子玩这种"答记者问"的游戏，不仅是在引导孩子去思考那些他们即将遇到的问题，而且还在侧面促使了孩子的心理成长。如果孩子能够把家长提出的这些问题都思考清楚，在这种情况下，即使孩子在入学的前一阶段真的遇到了困难，家长也不必太担心。因为家长先前的教育已经使他们具备了承受这些困难的心理素质，而且还赋予了他们自己解决这些困难的能力。

最后，作为一名从教多年的小学教师，我给您提出这样的建议：只有孩子在幼儿园大班时，家长就有意识地引导孩子去接触小学环境，并引导他们去体验小学生活，孩子才会对小学产生正确地认识，才能顺利地度过幼小衔接期。

序 言

孩子要上学了,或者孩子已经开始步入了小学生活,作为孩子的家长,您做好准备了吗?

也许很多家长都会很迷茫地发出这些困惑的声音:"我不知道该从哪些方面入手做准备!""面对孩子在一二年级表现出来的那些问题,在很多情况下我都会束手无策!"……

作为一名从教多年的教师,我清楚地知道大多数孩子在一二年级都会出现很多问题,我也一直梦想着为家长们提供一些具体的措施和办法,以帮助孩子以最佳的状态进入小学阶段的学习。

直到2009年初,我的这个梦想终于可以实现了。在朝华出版社相关编辑的组织和协助下,我和几位同事一同坐下来,对一二年级孩子经常会出现的问题,以及这一阶段孩子的心理状态、对待学习的态度等问题进行了详细的梳理。综观孩子的整个学习生涯及至整个人生,我们惊奇地发现:一二年级,对于孩子的一生来说,实在是太关键了。

例如,虽然大多数家长一直都在告诉孩子"你已经是个大孩子了",但大多数的孩子仍然留恋在幼儿园的时光,他们曾多次这样向父母抱怨:

"我不喜欢小学的老师,我要回幼儿园!"

"学习好难呀,我不想学习!"

"考试好烦，真希望小学里没有考试！"

为什么孩子如此排斥小学生活呢？

其实，这还要从孩子所经历的那些变化说起。从幼儿园到小学，每个孩子至少都要经历以下几种变化：

1.老师的角色在变化。在幼儿园，老师既会教他们一些知识，又会细心、温柔地照顾他们的生活；但在小学，为了培养孩子的独立能力，老师一般不再照顾孩子的生活，而且老师还会严格地要求孩子。

2.孩子的学习方式在变化。在幼儿园，孩子一般都是在游戏中学习；但在小学课堂上，孩子不但不可以做游戏，而且还要集中精力坐上45分钟。

3.孩子所面对的压力在变化。在幼儿园，孩子不用担心迟到，也不用担心考试，而且几乎每个孩子都有机会得到象征荣誉的小红花；但在小学，孩子迟到了要受惩罚，考不好也要受惩罚……这在无形之中给孩子增添了很多压力。

……

通过认真的研究和分析，我们很多教师都有这样一种共识：孩子能否快速地适应从幼儿园到小学的这种转变，将决定着孩子未来的学习生涯以及人生生涯是否能够顺利发展。如——

一二年级，是孩子人生的"幼小衔接期"——如果家长没能及时地对孩子进行科学的引导，那孩子的心理水平还将长时间地处于幼儿阶段；

一二年级，是孩子学习生涯的开端——如果孩子不懂得学习的真正目的，他就会把学习视为一种不得不为之的"劳役"；

一二年级，是孩子习惯、性格定型的关键期——这一时期是培养孩子好习惯，避免孩子坏习惯形成的最佳期；

一二年级，是孩子自我意识的重要萌发期——在这一时期，家长对孩子的教育，决定着孩子的性格是自信还是自卑；

一二年级,是孩子智力开发的"黄金期"——在这一时期,家长可以使孩子成为天才,也可以让孩子变得愚笨。

作为老师,同时也作为家长,我们都想找到教育孩子的捷径。而现在,捷径就摆在我们面前:在孩子成长的关键期、人生的开端期,对孩子施行最科学、最正确的教育,引导并促使孩子迈好人生的第一步。当然,也正是在这种目的的促使下,才有了我们本书的创作。

在本书中,我们将站在教师与家长的双重角度,想家长之所想、急家长之所急,从分析孩子心理特征的角度入手,向广大读者充分呈现本书的四大特色:

特色一:更注重的是方法。

教育孩子的过程中,有一种现象相当普遍——家长们都有一颗爱孩子的心,都掌握着千万种科学的教育理论,却唯独缺少爱孩子和教育孩子的实用方法。

例如,很多家长都知道赏识教育的重大意义。可鼓励的时机有哪些?鼓励的具体方法又如何呢?再比如,很多家长都知道要改掉孩子写作业磨蹭的坏习惯,但如何才能改掉孩子的这种坏习惯呢?

与一味介绍教育理论的书籍不同,我们要告诉您的是——方法!

特色二:更关注孩子的心理世界。

孩子的任何一种转变,都有着其必然的心理渊源。所以,我们倡导:只有首先进入孩子的内心世界,去真正地了解和尊重他们,才能更好地教育他们。

所以,本书将更多针对孩子在一二年级,也就是在"幼小衔接"这一阶段的心理特征、心理发展走向等问题,进行深入的分析与阐述。

特色三:体现家校联合教育思想。

家庭与学校,是孩子最重要的两个成长空间。如果深入分析,我们就不难发现,在小学阶段的开端期,孩子身上存在的很多问题,如厌学、自卑、注意力不集中,等等,都不是家长或学校单方面教育所能改变的。

要想把孩子教育成材，不仅需要教师与孩子之间经常沟通、家长与孩子之间经常沟通，更需要家长和教师之间常做一些交流。这也正是我们写作本书的目的之一。

特色四：提高学习成绩与人格培养并重。

通过分析很多孩子的成长之路，我们发现：孩子拥有一个什么样的未来，智力上的差异并非决定因素，孩子是否拥有一个好个性、好习惯，才是至关重要的。例如，勤奋好学、积极进取、认真仔细等很多好习惯，往往可以让孩子受益一生。

因此，在本书中，我们在讲述如何培养孩子学习兴趣、学习能力等问题的同时，会针对一二年级这一年龄阶段孩子的心理特点，具体介绍一些相关的良好习惯与个性的培养方法。毕竟，我们希望带给孩子的是一个美好、成功的未来，而不单纯是次次满分的优异成绩。

由于篇幅所限，我们在此就不做更多介绍了。希望您能在后面的阅读过程中，收益良多。

阅读此书的特别提示：

1.由于参与撰写此书的教师较多，所以我们在人称上统一用"我"以及"我们"来泛指作者，以方便读者阅读。

2.教育的最高境界就是"防患于未然"，对于孩子在一二年级容易出现的那些问题，家长提前就应该有所了解。所以，我们建议家长：从孩子读幼儿园大班时就开始阅读此书。

目 录

Contents

第三章 1-2年级，激发孩子学习兴趣的重要时期

第四章 1-2年级，孩子学习能力养成的关键期

第五章　1—2 年级，孩子经常会出现的问题

第章

1-2 年级,塑造孩子一生的关键

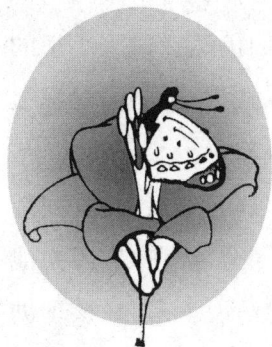

一 1年级,家长要帮孩子顺利走过"幼小衔接期"

二 2年级,培养孩子好习惯、好性格的最佳时期

三 1-2年级,孩子自我意识的重要萌发期

四 1-2年级,开发孩子智力的"黄金期"

曾有很多二年级孩子的家长这样向我抱怨："我家的孩子就不是上学的料，都上二年级了，整天就知道玩，他根本还没有进入小学状态！"

的确，即使到了二年级，还没有进入小学状态的孩子大有人在。他们还在怀念在幼儿园时那段无忧无虑的时光；他们仍然在讨厌小学的一切，讨厌老师的"不近人情"、讨厌小学的学习方式、讨厌要面对那么多的家庭作业……

为什么会出现这种现象呢？每当家长们发出这样的疑问时，我都会耐心地这样解释：孩子之所以会迟迟进入不了小学状态，是因为他们没有顺利地完成从幼儿园到小学的过渡。换句话说就是，在孩子进入小学之前，家长们忽视了对孩子的正确引导。

也许家长们又会产生疑问了："孩子上学就上学吧，他们还需要什么引导吗？"

的确，从幼儿园进入小学，这对孩子来说意味着很多重大的变化。

首先，进入小学后，他就不再是一个"小小孩"了，而是一个"大孩子"、一名真正的小学生。孩子是否能够接受这一身份的改变，或者说，他们是否能够准确地意识到自己这种身份的改变，这将决定着他们能否正确地面对小学生活。

其次，进入小学之后，孩子的很多习惯也需要转变。例如，他们应该准时起床，不能迟到，并且应该有时间观念了；他们不能像在幼儿园那样自由玩耍了，而应该集中精力听老师讲课……孩子是否能够顺利地完成这些转变，将决定着他能否快速地适应小学生活。

还有，进入小学之后，孩子将要面对的很多情况也会完全不同。在幼儿园时，也许他们做错了事，老师会安慰他们不要害怕，但在学校中，老师很有可能就会批评他们……孩子是否能够快速地适应这些不同情况，将决定着他们的心理成长速度，决定着他们在心理上能否快速地进入小学状态。

看到这里，很多家长也许会非常后悔："在孩子入学之前，我并没有对孩子作出正确的引导，我真是个不合格的家长。"

每当发现自己在教育孩子方面存在错误时，很多家长的第一反应就是自责。其实，我觉得，在这些情况下，家长最重要的任务并不是自责，而是努力弥补自己的过失。既然家长在孩子入学之前已经错过了对孩子进行正确的引导，那就千万不要错过1–2年级这一重要时期了。

对于孩子来说，1–2年级具有非同寻常的意义。在这一时期，孩子将经历他们人生中的多个重大变化，他们的自我意识在开始萌芽，他们的心理在快速成长……当然，更重要的是，在这一时期，孩子会对学习产生特定并稳固的印象。在多年的教学过程中我发现，每个孩子对待学习的印象是完全不同的：

有些孩子一听到"学习"两字就皱眉头，而有些孩子对自己的学习之路却充满了期望；

有些孩子在老师和家长的催促下才肯去学习，而有些孩子似乎天生就对学习充满了兴趣；

有些孩子在学习时不知道如何去开动脑筋，而有些孩子总会用那

些巧妙的方法去学习；

......

也许家长们会产生这样的疑问："孩子是厌恶学习，还是对学习充满兴趣，这主要取决于什么呢？"

在这里，作为一名从教多年的老师，我要告诉家长们的是：这主要取决于孩子处于"幼小衔接期"时，家长对他们的教育。如果在"幼小衔接期"，家长能够引导孩子体会到学习的乐趣，促使他们喜欢上学习，孩子的学习能力就会不断提升；但如果在"幼小衔接期"，家长总是催促或逼迫孩子去学习，孩子自然就会对学习产生很强烈的反感，在这种状态下，他们只会用仇视的目光看待学习。

所以，我们可以这样认为，1－2 年级，是孩子对学习形成印象的关键期；是孩子学习能力形成及提升的关键期；是孩子良好学习习惯的形成期。因此，也正是在这种意义上，我们说，1－2 年级，是孩子进入学习生涯的关键期。

我们都知道，在竞争如此激烈的现代社会，也许有时成绩并不能决定什么，但孩子的学习能力绝对代表着他们进入社会后的竞争力，而良好的学习习惯也将会成为孩子成长的推动力。正因如此，我们还可以这样说，1－2 年级，是塑造孩子一生的关键期。

一 1年级,家长要帮孩子顺利走过"幼小衔接期"

在生活中,我常常听到很多一年级孩子的家长这样抱怨:"我家孩子都上一年级了,整天就知道玩,一点学习的意识都没有!"

作为从教多年的小学老师,我知道,伴随着孩子进入一年级,家长们的抱怨并不仅限于"孩子不懂得学习",他们还会抱怨,孩子没有规则意识、注意力集中时间短、没有时间观念……伴随着这些抱怨,家长们几乎每时每刻都在为孩子担心。于是,在这种情况下,很多家长就做出了这样一个总结:孩子越大,家长就越累心。

其实,这些家长之所以会得出这样的结论,是因为他们根本不了解一年级孩子的特点。事实上,对于一年级的孩子来说,他们之所以会出现上述家长们所抱怨的那些缺点,是因为他们正处在一个特殊的时期——"幼小衔接期"。我们也可以这样说,大多数处在"幼小衔接期"的孩子,必然会出现上述家长们所抱怨的缺点。

所谓"幼小衔接期",是指孩子从幼儿园进入小学这一段时期的统称,时间跨度大致为从幼儿园大班到小学一年级这段时期。因为幼儿园和小学在教学内容及教学体系上存在着很大的不同,所以,当孩子进入小学后,便不可避免地会产生很多不适应的状态。例如,就像上述家长们所抱怨的那样,很多孩子不适应小学那种天天学习的模式,仍然把"玩"当作自己的主要任务。在这里,我们不妨把一年级孩子们的这种不适应,称作"幼小衔接期现象"。

在多年的从教生涯中,我对一年级孩子所表现出来的这种"幼小衔接期现象"也进行过一定的研究。我发现,在"幼小衔接期",几乎每

个孩子都会表现出以下几个特点：

1.爱玩。

在教学过程中，我遇到过这样一种情况：

在一年级的孩子中，不管是女生还是男生，他们偶尔都会出现尿裤子的情况。我经常会关切地询问这些孩子："你心中有害怕的事情吗？"因为我觉得恐惧心理很容易使孩子小便失禁。或者这样问他们："你是不是不知道厕所在哪里？"

但在我的询问下，这些尿裤子的孩子几乎给了我一个相同的答案，而这个答案几乎令我跌破眼镜。这些孩子不好意思地这样对我说："老师，我太忙了，有好多有意思的游戏等着我去玩，所以，我忙得连上厕所的时间都没了，实在憋不住就尿裤子了。"

听到这样的理由，大多数的家长一定会以为孩子在跟我开玩笑，但我要告诉家长们的是，这些孩子说的都是实话，而且是心里话。

一年级的孩子的确爱玩，因为他们还没有完全摆脱那种幼儿园心态，所以他们仍然把"玩"当作他们的主要任务。

另外，这些一年级的孩子之所以这样爱玩，与他们所处的年龄段也有很大的关系。一年级的孩子几乎都处在六七岁这一阶段，对于这一阶段的孩子来说，他们的自我意识开始萌芽，他们已经意识到自己是一个独立的个体，并且感觉到了他们的周围是一个充满新鲜感的大环境。所以，在这一阶段，孩子会产生很强的探索欲望，而这种探索欲望的主要表现就是——时刻都想着去探索他们周围的世界，以及做那些永远也做不完的游戏。

所以，就像上述事例中那些孩子们所说的，他们真的很忙，各种各样的新鲜事物和游戏，使他们几乎都没有了上厕所的时间。

在我所教过的学生中，不乏一些做出一定成绩的优秀者。我曾有意识地请他们回忆在一年级时发生的一些事情。但他们所回忆出的内容几乎都大同小异："我好像不记得自己在一年级学习和听课的一些细节了,但我对那时候所玩的游戏却记忆犹新。"

是的,这所有的一切都已证明这样一个事实,"爱玩"是一年级孩子最主要的特点。我们也可以这样说,这一特点是由他们正处在"幼小衔接期"这一特殊阶段所决定的。所以,这时家长们就应该明白,为什么自己的那些抱怨对一年级的孩子根本不起作用了。

2.在情感上排斥老师或学校。

从幼儿园到小学,老师的角色发生了很大的变化。几乎所有的幼儿园都倡导"保教并重"的观念,也就是说,幼儿园老师有两种身份,她们既是老师,又是保姆。所以,在幼儿园中,孩子们总能受到老师无微不至的照顾,而且即使老师所教的知识孩子不能完全掌握,老师也不会怪孩子,更不会责备他们。因为在幼儿园老师的观念中,孩子的安全和快乐是首要的,学习是次要的。所以,大多数孩子都会把幼儿园老师当作是自己的"第二位妈妈"。

但在小学中,老师的身份是很单一的,他们不会特殊照顾任何一名学生,因为小学老师还有一个重要任务,那就是培养孩子的自理能力。另外,小学老师与幼儿园老师的观念也是完全不同的,虽然小学老师也十分注重快乐教育,但他们总会把孩子们的学习效果放在首位。因此,在大多数孩子们的心目中,小学老师的形象是严厉的、不近人情的,所以,大多数的一年级孩子都会惧怕老师,从而也会从情感上排斥老师。

另外,在孩子进入小学之前,家长对孩子的一些错误教育,往往会使孩子在入学之前就对学校和老师产生一定的排斥感。

例如,在生活中,我们常常会听到家长这样教育孩子:

"看你上学后还敢这样顽皮吗,你再敢这样顽皮,老师就会打你屁股!"

"你再不听话,我就把你送到学校,让老师来管你!"

"你要好好学习,不然老师会不喜欢你的!"

......

也许家长们是想通过这些语言来赢得孩子们的合作，但家长们应该注意的是，小孩子的心灵是非常脆弱和敏感的，他们时常会捕捉生活中那些对自己不利的信息。当他们听说老师要比家长严厉时，在入学之前，就已经在心中勾画好了老师的形象：一个使劲挥动着教鞭，恶狠狠地教训学生的形象。这个时刻，孩子在心中已经做好了排斥学校和老师的准备。

当孩子入学后，他们会发现学校的老师确实不像幼儿园的老师那样亲切，而且每当他们做错事情时，学校的老师还会严厉地批评他们。所以，在这种情况下，孩子对学校和老师的不满或排斥情绪就会达到极点，这不仅会大大延长他们对小学的适应时间，而且严重时还会促使他们产生厌学情绪。

3.总会表现出不自信。

在教学的过程中，我曾做过这样一个试验：

在新生入学一个月后，我在一个一年级的班级中宣布了这样一件事情："下午我们班级要举行一个小型的联欢会，听说你们都是多才多艺的孩子，谁愿意在联欢会上给大家表演节目呀？愿意表演的同学请举手。"当我把这些话说完后，我发现大多数的孩子都低下了头，而举手的只有两三个同学。

当我把同样的话在二年级的一个班级里说完后，这个班级立刻沸腾起来了，很多孩子一边兴奋地举着手，一边小声地跟旁边的同学分享自己将要表演什么节目。

按常理来说，一年级的孩子刚刚从幼儿园走过，表演节目他们最拿手。但他们之所以不敢举手，是因为他们没有集体归属感，或者说因为周围陌生的环境，他们常被一种不安全感所包围。那些二年级的孩子之所以会踊跃地举手，是因为在一年的小学生活中，他们已经融入了周围的人际环境中，他们愿意让老师和同学们更深刻地认识自己。

当然，促使这种现象产生还有一个非常重要的原因，那就是大多数的一年级孩子都不自信。而他们的这种不自信往往也是由于受到"幼小衔接期"的影响。有很多教育资料显示，处于"幼小衔接期"的孩子之所以会表现得不自信，绝大部分原因是由于他们能力发展水平低而造成的。例如，对于刚刚入学的这些孩子们来说，由于他们的手部肌肉锻炼不够，动手能力不够，所以可能会一时之间无法适应小学书写的需要；又如，由于这一年龄段孩子的抽象逻辑思维能力较低，所以他们很可能会对符号学习感到困难……如此众多的困难会使这些刚刚入学的孩子一点点丧失信心，所以，在这种不自信心态的影响下，他们只得用沉默和低头回应老师的提问。

那么，家长应该如何做，才能帮助这些一年级的孩子弥补他们身上的缺点，从而使他们顺利地渡过"幼小衔接期"呢？

以下是我总结的帮助孩子走好"幼小衔接"的三个步骤，家长们可以借鉴：

方法一：第一步——让孩子在情感上接受小学

在孩子入学之前，相信家长们都会采用很多方法来激发孩子的入学愿望。例如，告诉孩子：成为一名小学生是一件非常值得骄傲的事情；告诉他们，进入学校之后，他们会变得像老师那样知识渊博……又如，家长们会给孩子讲红领巾的来历，以及它所代表的涵义，以增强孩子成为小学生的自豪感和神圣感。

不可否认，家长们对孩子这种入学欲望的激发，在一定程度上能够唤起孩子上学的热情，使他们对学校充满积极的期待。

但不管孩子对学校的印象是积极的期待，还是消极的排斥，这并不是最重要的。最重要的是孩子的真实感受。著名教育学家皮亚杰指出：只有孩子参加到具体的活动中去，他们才能获得真知，才能对自己之前的想法给予证实或否定。

当然，在这里，我并不是否认在孩子入学之前，家长激发他们入学

欲望的重要性，而是在强调，仅仅在入学之前激发孩子入学欲望是完全不够的，因为对于这些刚刚入学的一年级孩子来说，他们在学校会遇到很多之前想象不到的困难和挫折，而这很有可能就会把他们心中的那些美好形象完全打翻，从而使他们对学校或老师产生失望的情绪。

我就曾遇到过这样一个孩子：

入学那天，小家伙兴高采烈地来报到了。但第二天，他就像完全变了一个人，不管他妈妈怎么说，就是不肯进学校门，而且还振振有词地说："妈妈是个大骗子，我就不上学，我就不去学校。"

为什么会出现这种情况呢？经过我耐心地询问，这小家伙才说出了自己的心里话："在家的时候，妈妈告诉我，小学的老师比幼儿园的老师还亲切，但昨天我就看到了一位老师教训学生，把学生都训哭了，小学老师一点儿都不亲切，而且还都凶巴巴的。"

停了停，想了想，这小家伙又接着说："还有，妈妈说小学会跟幼儿园一样有意思，但我昨天也仔细看了，这里有操场，但没有幼儿园的秋千和会转的小车……教室里也没有图画书和玩具……妈妈在骗我，她就是个大骗子！"

一年级的孩子已经有了一定的是非观念和判断能力了，就像教育学家皮亚杰所说的，他们会利用自己的亲身体验，来验证自己或他人的观点是否正确。从上述事例中我们也可以看出，这位家长对孩子入学欲望的激发是很不科学的，确切地说，她的确是在骗孩子。小学的老师要比幼儿园的老师严厉、小学的校园中没有娱乐器材、教室里也没有图画书和玩具，家长应该从侧面让孩子去接受这一点，而不应该用那些"谎言"去骗孩子。当孩子通过亲身的经历意识到家长是在骗自己时，他不但会对学校或老师产生逆反情绪，而且这种反感和排斥情绪还要比别的孩子强烈得多。

当然，我们还可以这样说，这位家长对孩子入学前的教育之所以会失败，是因为她没有抓住激发孩子入学欲望的重点。其实，孩子从幼儿园到小学最本质的变化,就是他们身份的变化。如果家长能够让孩子正确地认识这一点,就能在很大程度上激发孩子对小学生活的向往和热情。

一位聪明的家长是这样做的:

在入学之前,我没有对孩子讲太多,只是告诉他:"上了小学后,你就很快会成长为大孩子了。"

但带孩子入学的那一天,我却对他讲了很多。办完手续,我带他去感受校园的气氛,我指着从身边走过的两位小学生对他说:"知道他们为什么这么自信吗?"

孩子摇摇头。

我很认真地对他说:"是因为他们脖子上戴的红领巾,还有背后背的小书包。"看着孩子迷茫的神情,我继续给他解释:"红领巾是他们身份的象征,人们一看到这些戴着红领巾的孩子就会说:'这肯定是一名优秀的小学生!'另外,他们的小书包虽然比你们的书包要重,但他们背上这沉甸甸的书包也会有一种自豪的感觉,因为书包是他们所掌握的知识的象征……"说完这些后,我发现孩子开始喜欢上这里的环境了。

之后,我又带他来到操场,我这样对他说:"这里是操场,虽然这里的健身器材没有幼儿园的娱乐器材好玩,但在这里,你的身体会迅速长高,而且越来越健康。当然,在这里,你也要留下你的汗水。"

……

这天,我带孩子把整个校园都转遍了,在这个过程中,我也跟他讲了很多很多。到了晚上,我俩都非常累,但我能感觉得到,孩子很激动,他恨不得马上就能去体验小学生活。

从幼儿园到小学,孩子最大的变化就是他们身份的变化。当然,他们自己很可能意识不到,但家长一定要引导他们看到自己的这种变化,以使他们的心理快些从幼儿园状态过渡到小学状态,从而使他们从情感上接受小学的一切。

上述事例中这位家长的做法就非常科学,他通过给孩子讲解小学生红领巾和书包的涵义,来促使孩子的心理成长,让他意识到自己的身份发生了本质的变化,从而使孩子不再留恋幼儿园的生活。而很多心理学家也表示,大多数的孩子都是通过戴红领巾、背小书包等活动,来萌发当好小学生的积极情感的。

而且,在给孩子介绍操场的过程中,这位家长不仅让孩子意识到了小学生活能够使他们快速成长,还从侧面告诉了孩子,要想尽快成长,是需要付出汗水的。所以,在这种教育下,即使孩子在今后的小学生活中遇到困难和挫折,他也能用正确的心态对待。因为父亲在入学第一天,就已经给他打好了"预防针"。

当然,由上述两个事例我们也可以得出这样一个结论——对于孩子来说,入学第一天非常重要。所以,在入学第一天,家长一定要努力使孩子保持愉悦的心情,这样他们才能对学校产生积极的印象。还需要指出的是,即使你在之前已经多次跟孩子提过学校的优点,那也不妨在这一天,引导孩子看到自己身份的本质变化,再次激发孩子对学校以及小学生活的向往之情。这样,孩子在情感上就更容易接受学校和老师。

方法二:第二步——让孩子了解,"没有洋娃娃的课堂"同样有趣

很多刚上一年级不久的孩子经常这样对家长抱怨:

"妈妈,上课坐椅子的时间太长了,也不能站起来伸伸懒腰,我要坚持不住了!"

"在学校里,老师总让我们当着全班同学的面回答那么难的问题,好恐怖呀,我不想去上学了!"

"在学校,课间玩的时间才有那么几分钟,上一趟厕所,回来就得上课,真没意思!"

......

因为一年级的孩子刚刚从自由玩耍的幼儿园走过,所以他们之中的大多数,都不能很快适应小学这种相对比较紧张的学习环境。而也有很多小学老师针对一年级孩子的这种不适应,把一年级的课堂笑称为"没有洋娃娃的课堂"。

面对孩子对"没有洋娃娃的课堂"的抱怨,有些家长开始责备孩子:"不是告诉过你吗,上了小学就是大孩子了,怎么还坐不住呢?"有些家长开始规劝孩子:"老师在课堂上让你回答问题,是为了锻炼你的能力,这没有什么恐怖的。""你都已经上一年级了,不能像小时候那样只想着玩了。"……

但对于一年级的孩子们来说,家长们的这些责备和抱怨对他们是否有效呢?

根据我对一年级孩子心理的了解,我敢肯定地说,家长的这种教育方式绝对是无效的,而且在大多数情况下,这种教育方式还会起到负面效果。例如,就像上面那种情况,当一年级的孩子抱怨自己坐不住时,如果家长责备他们,或是否定他们的情绪,或者认为他们的这种抱怨是在无理取闹,那孩子很有可能就会因为家长的不理解而对家长产生反感,进而使亲子之间的关系出现裂痕。

那么,家长应该如何做,才能让这些一年级的孩子喜欢上这种"没有洋娃娃"的课堂呢?

一位家长这样分享自己的经验:

女儿刚上一年级时,每天放学回家,她都跟我抱怨上课多么没意思,并不时地向我暗示,她想重新回到幼儿园。但一次偶然的事件,却使她的观念发生了很大的转变,她不仅不再抱怨上学的生活,而且渐渐喜欢上了一年级那种"没有洋娃娃的课堂"。

事情是这样的:一天,我从书店买回来一本《一年级的小豌豆》与女儿一起读。刚开始,仅仅是书中那些漂亮的图画吸引了她,但读着读着,她就开始喜欢上书中的"小豌豆"了,而且她还常常这样对我说:"我喜欢小豌豆,我就是小豌豆。"

偶然的一天，女儿放学后兴奋地对我说："妈妈，我发现听课的乐趣了。"

"噢?快讲给妈妈听听。"我急切地问女儿，并故意表现出有些夸张的神情。

"'小豌豆'说了，只要认真地与老师互动，很快就会发现听课的乐趣。我照她所说的去做了，我真的发现听课的乐趣了。今天老师还夸我了呢！"女儿骄傲地说。

"你呀，简直都快成'豌豆迷'了！"说完我既高兴又疼爱地把女儿搂在怀中。

一年级的这些孩子就是这样奇怪，他们也许常常不听家长的劝告，不听老师的教诲，但他们却会死心踏地相信一个被作家或者教育学家虚构出来的同龄孩子的话。为什么会这样呢? 就拿上述事例中的小女孩来说吧，"我喜欢玩，我不喜欢学习"是"小豌豆"曾经说过的话，她说出了所有一年级孩子的心声。因为这些心灵的相通和情感的共鸣，所以小女孩会对"小豌豆"的话深信不疑，进而会按着她所说的话，去寻找"没有洋娃娃的课堂"的乐趣。

当然，由这个事例我们还可以证明这样一个观点:家长的责备和否定，并不能让小学一年级的孩子喜欢上学习，相反，它还会使孩子对学习越来越反感。但如果家长能够理解并认同这些一年级孩子的感受，或许他们就会认真听取家长的意见，去寻找听课的乐趣。

一年级的钧钧一放学就跟爸爸抱怨:"听课真没意思，除了老师一个人能自由活动之外，其他人都得干巴巴地坐着。"

"是呀，上幼儿园时多好呀，整天玩游戏，而且还能自由活动。"爸爸放下报纸，认真地对钧钧说。

"可学校根本就没有玩具，而且小学的老师也不会在上课时带我们玩游戏！"钧钧可怜地说。

"那上课就更没意思了！"爸爸继续认同钧钧的感受。看到孩子不断地点头，爸爸神秘地说："我小时候也觉得听课没意思，还因为没劲而故意给老师捣过乱呢。但后来，我发现听课其实是很有意思的，例如，老师会说'曰'字减肥之后就变成了'日'字，就因为老师的这一句话，我一下记住了两个生字。"停了停，爸爸接着说："你不妨也认真听一次课，看能发现什么有意思的东西吗？"

第二天，钧钧一放学就对爸爸说："我今天认真听课了，我也发现听课有点意思，老师说字母'p'被人打了一巴掌，一转身就变成了'q'，我一下也记住了两个字母。真有意思！"

一年级的孩子喜欢游戏，喜欢有意思的东西，这是一个不争的事实，也是这一阶段孩子的主要特点之一。在我与老师们的交流中，我发现大多数的小学老师都了解一年级孩子的这一特点，而且他们也正在努力使自己所教的内容变得更加有意思。

同时，一年级的孩子是非常感性的，当他们的情绪得到家长的认同，而且他们觉得家长所讲的话很有道理时，他们是会按照家长所说的去做的。就像上述事例中的钧钧，他觉得爸爸所讲的话很有意思，也很有道理，所以他才会按照爸爸的建议去做。结果，在课堂中，他真的发现了听课的乐趣。

事实上，一年级的孩子就是这样成长的，每一个新的发现都会令他们恍然大悟。就像上述事例中的钧钧，当他真的发现听课的乐趣之后，他会恍然大悟，同时会非常喜悦。这种美好的感觉会促使他们把"认真听课就会发现乐趣"的好习惯继续保持下去。就这样，在不知不觉中，这些一年级的孩子正在一点点成长。

由此，我总结出了家长引导一年级孩子喜欢上"没有洋娃娃的课堂"的三个步骤：

※了解一年级孩子的主要特点：喜欢玩，不喜欢学习；针对于此，家长可以给他们读，或者跟他们一起读一些适合他们阅读的读物，如

《一年级的小豌豆》等，让他们感觉到，他们是被人理解的。

※理解并认同他们不愿意听课的情绪。

※举一些例子告诉他们，在课堂中是可以发现一些有意思的知识的，引导他们主动去发现听课的乐趣。

通过这三个步骤，相信家长一定会使这些一年级的孩子喜欢上这种"没有洋娃娃的课堂"。

方法三：第三步——让孩子自信地"翱翔"在小学世界里

很多家长问我这样一个问题："你说一年级的孩子正处于'幼小衔接期'，那这个'幼小衔接'主要衔接的是什么呀？"

每当这时，我都会夸奖提出这个问题的家长，因为这表明他们真的把家长教育当成重要的事情来看待了，他们真的认真思考了。正是因为这种认真思考和探索的精神，我敢肯定，这些家长一定是非常称职和合格的家长。

那"幼小衔接"主要衔接的是什么呢？

国内外很多权威的婴儿教育及研究机构都认为，"幼小衔接"是指信息环境的转换。也就是说，从幼儿园到小学是信息环境转换过程的衔接。

在讲述这种"信息环境的转换"之前，我先举这样一个事例。作为成人，我们都有过换工作、换环境的经历。当我们刚到一个新的工作岗位时，最开始的那段时间我们做事总会小心翼翼、不敢轻易发表意见、很关注别人对自己的看法……其实，我们之所以会出现这种现象，也是由于信息环境的转换而引起的。

身为成人的我们也许很快就会适应新的工作岗位，但对于这些刚刚入学不久的一年级孩子来说，他们的适应能力可不像成人这样强。

我曾听一位家长讲述过这样一件事情：

我家儿子刚上小学那会儿表现得极不自信：不敢跟老师讲话、在学校遇到了什么问题也不敢跟老师说,而且总怕自己做错事。我知道这是儿子不适应小学生活的一种表现,大多数的一年级新生都会遇到这种问题。我觉得过一段时间,儿子的这种不适应表现就会消失,于是对这件事情我就没有太在意。

但现在儿子上小学已经两个月了,他不仅没有适应小学生活,而且还变得越来越胆小了。后来,只要一遇到困难和挫折,他不是想办法去解决,而是直接绕着走。这跟那些遇到危险就向沙滩里钻的鸵鸟有什么区别?我意识到了问题的严重性,但我不知道如何帮助他。

这位母亲所讲述的问题确实值得每一位一年级孩子的家长警惕。这些年龄尚小的孩子与成人是不同的,在面对"信息环境转换"时,他们会产生很强烈的陌生感和紧张感。或者也可以这样说,面对新的环境,他们会表现得非常不自信。而在前面的分析中我们也已经知道,他们之所以会表现得如此不自信,绝大多数原因是由于他们的能力低下所造成的。例如,他们不敢回答老师的问题,是因为他们不知道自己的答案是否正确;他们不敢跟老师接触,是因为他们对自己在学校的表现很不满意……所以,在这种情况下,他们会对自己越来越没有信心。

这时,也许有家长会问:"为什么上述案例中的那个孩子,会变得越来越胆小和退缩了呢?"

其实,这是有深层原因的。据有关资料显示,人类逻辑思维形成和使用的关键期就在"幼小衔接期"。就拿上述事例来说,如果家长对"幼小衔接期"的孩子关注太少,孩子很容易就会养成"退缩"和"逃避"的坏习惯。也就是说,只要一遇到困难,他们的逻辑思维就会习惯性地发出这样的命令:退缩或者逃避。

作为成人我们知道,拥有这种退缩和逃避的逻辑思维,孩子的一生很有可能就会一事无成。换句话说就是,只要孩子形成了这种消极的逻辑思维,他的人生就很可能是一个失败的人生。

每位家长都不希望自己的孩子拥有失败的人生，而希望孩子的人生能够成功、能够精彩、能够辉煌。那当孩子正处在"幼小衔接期"时，家长应该如何做，才能使他们形成正确的、积极的逻辑思维呢？

每当一年级的家长问我这个问题时，我都会给他们提出这样的建议：努力提高孩子的能力，让他们自信地"翱翔"在小学的世界里。

在多年的从教生涯中，我总结出了这样一个经验：在一年级，孩子的主要任务不是学习，而是为以后的努力学习积蓄力量。也就是说，这些一年级的孩子只有自信地去面对，或者去解决他们现在所遇到的问题，他们才能成功地扫除心理上的障碍，例如，在陌生环境里所产生的紧张感和恐惧感等。

我曾教过这样一个孩子：

在读一年级的时候，他就表现得比其他孩子优秀很多：当别的孩子因为总是分不清字母"q"与"p"而挨批评时，这个孩子却充当起"老师"，开始教别的孩子分清这些容易混淆的字母；当别的孩子因为听写生字经常出现错误而难过时，这个孩子却在分享他分辨形近字的有效方法……

为什么这个孩子总会比同龄的其他孩子要优秀呢？我从他的一个小本本上发现了这个秘密。这个小本本上写着很多有意思的句子，例如，在字母表中，"p"在先"q"在后，当"p"做错事挨了一巴掌就变成了"q"；当"大"字去商店购物后就变成了"太"字。

后来经过询问我才知道，从这个孩子上一年级开始，这个孩子的父母就开始帮助他搜集这些有意思的知识，并帮他用能够理解的方式记录在一个特定的本本上。正是有这个特殊"小本本"的帮忙，所以这个孩子总会表现得比其他的孩子要优秀。

读完这个案例，我们不得不佩服这个孩子的家长。用专业的教育术语来说就是，这两位家长了解一年级孩子的特点。对于大多数的一年级孩子来说，他们的空间方位感都是不精确的，因为他们在分辨一些形近字母或汉字时,例如,"q"与"p"、"大"与"太"等总会出现一些困难,而且他们这种空间方位感不精确的状态会持续很长一段时间。

大多数的家长并不了解一年级孩子的这一特点,当孩子在分辨这些形近字母或形近字出现错误时,家长们不但不帮助孩子,而且还总是埋怨孩子不够认真、粗心等。在这种情况下,这些一年级的孩子很容易觉得自己无能,或者对学习产生反感,渐渐地,他们会对一年级的生活丧失信心,甚至还会对自己丧失信心⋯⋯如果孩子从一年级时就对学习或者对自己失去了信心,这对他们的成长是非常不利的。

但如果家长们都能像上述案例中的那位家长一样,了解一年级孩子的特点,帮孩子巧妙地分辨并掌握这些形近字,孩子就会感觉到自己拥有一种特殊的能力。更重要的是,孩子会因为自己掌握了这种特殊的能力而感到自豪,从而对自己以及未来的学习道路都充满信心。在这种情况下,孩子很容易就会形成正确的、积极的逻辑思维。

具体来说,家长可以从以下几个方面来帮助这些一年级的孩子提高能力。

※由于一年级孩子的手部关节肌肉还不是很发达,他们在使用铅笔、橡皮、尺子的过程中,常常会表现出笨拙和费劲。根据一年级孩子的这一特点,家长可以有意识地通过一些游戏来锻炼孩子手部肌肉的灵活性,这样一年级的孩子就不会因为自己的笨拙而产生自卑感了。

※一年级孩子的注意力范围是很狭小的,因此他们在阅读时总会一个字一个字地去读,这很不利于他们对阅读内容的把握。在这种情况下,家长可以讲解一些配图故事书,来扩大孩子注意力的范围,以使他们尽快掌握正确、科学的阅读方法。

※一年级的孩子是富于想象的,他们经常会说出一些堪称"经典"的语言,例如,"大象的耳朵像两把扇子,它的腿像大柱子"⋯⋯这些都

是孩子想象力和形象思维发展的一种见证，家长可以帮助孩子把这些"经典"的语言记录下来，这对孩子想象力以及写作能力的提高也会大有帮助。

　　一年级的孩子是很容易自卑的，但与此同时，他们又是很容易自信的。如果他们掌握了其他同龄孩子没有掌握的能力，哪怕是一种很简单的能力，如，能够巧妙地分辨形近字，也能把他们的自信心极大地激发出来。所以，在一年级，家长帮助孩子顺利走过"幼小衔接期"的最有效方法就是，帮他们提高能力，让他们自信地"翱翔"在小学的世界里。

2年级，培养孩子好习惯、好性格的最佳时期

进入二年级之后，细心的家长会发现，虽然有时孩子的行为仍然还会表现出幼稚，例如，他们仍然会热衷于那些在幼儿园时玩的游戏，如过家家等，但通过一年级的经历，他们确实成长了不少。在校园中，我经常会听到二年级的孩子们这样议论：

"看那个走路东张西望的学生，他肯定是一年级的新生！"

"是呀，呆呆傻傻的样子。你说咱们刚上一年级的时候也这样可笑吗？"

"也许那时候的我们比他们还要傻呢！"

"老师说咱们应该帮助他们，而不是嘲笑他们。"

……

的确，与刚入学时比，二年级的孩子看起来成熟多了。他们对学校这个集体已经产生了强烈的归属感，尤其是一年级的新生入学之后，他们常常以"主人"的身份自居。例如，他们会自告奋勇地去做新生"向导"，为新生及其家长指路；他们很愿意显示自己大哥哥、大姐姐的风范，自愿为那些一年级的小弟弟、小妹妹们提供帮助……

升入二年级之后，孩子的这些变化使得家长们都非常欣慰，因为这些变化表明，这些二年级的孩子正在成长，他们正在逐渐向"大孩子"的状态迈进。但家长们在欣慰的同时，也常常会表现得非常忧虑，因为随着年龄的增长，孩子并没有像家长们所想象得那样快速成长，相反，他们却出现了很多令家长们非常担心的坏毛病。

一位二年级孩子的家长曾这样说过：

自从升入小学二年级之后，我家儿子就像"翅膀"长硬了一样，经常对我撒谎。一天傍晚，我从儿子学校经过，看到他正在和小伙伴们玩得热火朝天，便没打扰他。

等他回家后，我和他爸都开始吃晚饭了。儿子他爸随口问了儿子一句："又去哪玩了，这么晚才回家？"没想到儿子的谎话开口就来，他面不改色地说："今天该我值日了，所以回来晚了。"

听儿子这样说，我控制不住自己的怒气，大声地冲儿子嚷道："你又撒谎，再不说实话，今天晚上你就别想吃饭了。"

让我更想不到的是，儿子竟然真的摔下筷子，气冲冲地回到了自己的房间。我很奇怪，是他撒谎在先，我惩罚他，他竟然还敢冲我们发脾气。看来他真的是"翅膀"硬了，不想让我们管了。

相信这位家长所说的情况，大多数的二年级家长都遇到过。的确，到了二年级，大多数孩子的"翅膀"会变硬，他们不再像以前那样依赖家长了，他们开始有了固定的属于自己的交际圈，所以，即使放了学之后，他们仍然想继续和朋友们在一起玩耍。但家长们并没有把二年级孩子的这种交际需求看得很重要，他们在大多数的情况下是从孩子的安全和学习方面考虑，进而常常这样向孩子下达命令："放学后早点回家，不要到处乱跑，太晚回家不安全""放学后先写作业，把作业写完后再玩"……为了能和朋友们在一起玩得久一些，这些二年级的孩子不得不出此"下策"——向家长撒谎。

由此我们可以得出，并不是孩子的"翅膀"变硬了，所以才不听家长的话，而是由于家长总是不能满足孩子成长的心理需求，孩子不得已才会出此"下策"。

这时，肯定会有家长产生这样的疑问："在一年级时，孩子同样爱玩，但为什么那时的他们总是那样听话呢？"

其实，一年级的孩子无条件地服从家长、与家长合作，是因为这样能够驱赶他们内心的紧张感和恐惧感。每个一年级的孩子面对小学新的环境和教育方法，都会产生不适应的感觉，为了尽快使这种感觉消失，他们需要父母的帮助。换句话也就是，他们对父母的依赖，往往决定了他们对父母无条件地服从。

但到了二年级，孩子已经渐渐适应了小学的环境和学习方式，而且他们也有了自己的交际圈，所以他们不会再像之前那样依赖父母。更重要的是，到了二年级左右，孩子的自我意识也在萌芽，对很多事情，他们往往已经产生了自己的想法，并且已经能够预测事情的结果。就拿上述事例中的孩子来说，当他产生"与朋友们多玩一会儿"的想法时，他很清楚自己的这种行为违反了家长的"规定"，但他会努力地为自己的这一行为寻找合理的理由。在不断的摸索之中，大多数的二年级孩子都会总结出这样的结论：有时"撒谎"是很有用的，它可以帮助自己不受惩罚；它还可以帮助自己逃避那些自己不想做的事情……

因此，一个很有趣的现象就产生了：孩子从学校回来后，当家长告诉孩子"你应该写作业了"时，一年级的孩子会这样乞求家长："好妈妈，你就让我玩一会儿吧，就一小会儿！"而二年级的孩子会直接对妈妈撒谎说："我的作业在学校已经做完了！"

其实，不仅仅是"撒谎"，由于不再像以前那样依赖父母，二年级的孩子总是觉得家长那些没完没了的教育令他们心烦，因此他们总想彻底摆脱家长的束缚。也正因如此，在二年级，孩子的很多坏习惯和坏性格都已经崭露头脚，例如，懒惰、不礼貌、没有爱心、没有耐心等。在这些情况下，如果家长仅仅是用"惩罚"的简单方法来对付孩子的这些坏习惯，这不仅不会促使孩子改掉坏习惯，而且还会使孩子的这些坏毛病愈演愈烈。

我就曾接触过这样一种教育方式：

孩子在爸爸的口袋里偷拿了一元钱，爸爸得知后，狠狠地揍了他一顿。在爸爸的"暴力"教育下，孩子终于承认了自己的错误。但没过几天，孩子又开始在妈妈的口袋里偷偷地拿钱。

孩子的爸爸很苦恼，最后他找到了我，我是这样告诉他的：在"暴力"教育下，孩子是不可能意识到自己的错误的。因为孩子挨打之后都会这样想：我已经因为偷拿那一块钱而受到惩罚了，所以现在这件事情与我无关了。所以，家长"暴力"的教育方式，就等于剥夺了孩子从内心自我反省的过程。

由此我们也可以看出，对于二年级的孩子来说，"暴力"的教育方式不仅是无效的，相反，在很多情况下，因为它剥夺了孩子从内心自我反省的过程，所以它往往还会使孩子的那些坏毛病愈演愈烈。

但在这种情况下，如果家长不是使用"暴力"的教育方式，而是对孩子进行正确的引导，例如，引导他们看到偷窃、撒谎等坏习惯的危害性；引导他们认识到勤奋、诚实等是人的一种美好品质……那孩子今后的一生很有可能就会与那些坏习惯、坏性格"绝缘"。

也正是在这种意义上，我们可以总结出这样一个结论：二年级，是培养孩子好习惯、好性格的关键期。

读到这里，也许有家长会说："孩子今后的人生道路还有很长，培养他们好习惯、好性格的机会也有的是，为什么非要在二年级时培养他们的这些好习惯、好性格呢？"

的确，对于这些正处在二年级的孩子来说，他们今后的人生道路还很长，但值得家长们注意的是，大概到了三四年级左右，孩子的习惯、性格等都将定型了。如果等到孩子的习惯、性格都已定型，家长再想去改掉他们的坏习惯、培养他们的好习惯，这将会难上加难。我们之所以说二年级是培养孩子好习惯、好性格的关键期，是因为在二年级，孩子的很多坏习惯、坏性格才初露头脚，在这一时期，家长可以轻而易举地改掉孩子的这些坏毛病。而且，如果在这一时期，家长能够帮助孩子把这些坏毛病"一举歼灭"，那孩子今后的一生真的就会与这些坏毛病"绝缘"。

那么，具体来讲，在二年级，家长应该如何做，才能使孩子改掉坏习惯，养成好习惯呢？

方法一：教孩子全面认识自己——让孩子满怀信心地改掉坏习惯

虽然大多数二年级孩子都已顺利走过了"幼小衔接期"，但由于自身那些坏习惯的出现，这些二年级的孩子常常不能正确地认识自己。细心的家长会发现，到了二年级，孩子经常会谈及这些问题：

"妈妈，我怎么总是做错事呀？"

"妈妈，老师说我有多动症！"

"我是一个坏孩子，是吗？"

……

为什么这些孩子总是盯着自己的缺点不放，总是怀疑自己是坏孩子呢？其实，这还要从孩子的自我意识发展说起。到了二年级，孩子的自我意识开始萌芽，他们开始关注他人对自己的评价，但由于那些坏习惯的出现，这些二年级的孩子听到的多是对自己负面的评价，例如，"这孩子太粗心了""这孩子好像得了多动症"……在这种情况下，他们常常会怀疑自己："难道我真是个坏孩子吗？"

在一般情况下，这些二年级的孩子常常会把自己的疑问告诉家长，这时候，家长对这个问题的回答，往往决定着孩子对自己的看法。

我就曾遇到过这样一个孩子：

这个孩子学习很用功，但由于她的智力发展比较缓慢，所以她的成绩一直在班级的中上游徘徊。但一段时间后，我发现这个孩子的成绩明显下降，而且下降速度也是惊人的。

于是，我把这个孩子叫到办公室，看她在学习方面是否遇到了什么困难。但当我提到成绩时，没想到这个孩子竟然很平静地说："反正我脑子笨，再怎么用功也是考不好！"

一个年龄这样小的孩子怎么能说出这样的话呢？在跟这个孩子的家长接触的过程中，我终于找到了答案，原来这个孩子的家长经常向别人抱怨女儿的脑子笨。久而久之，受家长这种抱怨的影响，孩子对自

己丧失了信心，进而放弃了学习。

因为正处于自我评价的关键时期，这些二年级的孩子是很敏感的，当他们听到家长有意识或无意识地跟别人讲述自己的缺点时，就会认为这是家长对自己的评价，这是所有人对自己的评价，在这种负面评价的影响下，孩子很容易就会自暴自弃。这不仅不利于他们那些坏习惯的纠正、好习惯的养成，还会使他们对自己失去信心，从而形成不思进取的性格。

的确，到了二年级，孩子身上会出现很多坏习惯，例如爱撒谎、懒惰等，但与此同时，孩子身上也会出现很多优点，他们会拥有自己的特长、他们的交际能力会明显提高等。在这一阶段，如果家长总是把目光盯在孩子的坏习惯、坏性格方面，那孩子就会像上述事例中的女孩一样，认为自己是坏孩子，从而不再去努力。这只能是为孩子坏习惯的滋生提供机会，十分不利于孩子将来的发展。

那么，家长应该如何做，才有利于孩子改掉坏习惯、养成好习惯呢？

在多年的教学经历中，我发现，这些小学阶段的孩子是否肯心甘情愿地改掉坏习惯，主要取决于他们对自己的评价。也就说，如果他们觉得自己是优秀的，那他们会就会朝着更加优秀的方向去努力；但如果他们认为自己是个坏孩子，那他们很有可能就会"破罐破摔"，任凭那些坏习惯、坏性格在自己身上滋生蔓延。

那又是哪些因素决定着孩子对自己的评价呢？

我们可以这样说，决定孩子自我评价的因素有很多，例如，同学之间的相互对比、老师的评语、家长的态度等。但值得肯定的是，家长对孩子的评价往往左右着孩子的自我评价。因为虽然二年级的孩子已经有了自己的交际圈，但他们仍然有很长的时间要与父母相处，所以父母对他们的评价往往会在潜移默化之中对他们产生深刻的影响。

一位家长讲述了这样一件事情：

那是发生在儿子上二年级时候的一件事情。一个周末的中午，儿子带了几个要好的同学来家里吃饭。

吃饭的时候,孩子们的话题很自然地落到了今天的"小主人"身上。

"阿姨,昨天王浩做小动作被老师批评了!"

"阿姨,王浩总是不爱读课文,语文老师很不喜欢他!"

"阿姨,王浩做作业总是不认真,他的作业总是得不了'优'!"

……

听着孩子们无心的"告状",我非常生气,我知道儿子的那些坏习惯一直就没有真正改掉。我真想把他拉过来狠狠地教训一顿,但这么多同学在场,我必须得给他"面子",必须得把自己的怒气强压下去。于是我心想:等同学们走了,看我怎么收拾你!

但儿子的表情却让我改变了主意,同学们七嘴八舌的评价使儿子停止了吃饭,他低着头,脸涨得通红,眼里含满了泪水,一言不发地摆弄着手中的筷子。我知道,如果此时我再给他负面的评价,他很有可能就会对自己失去信心。于是,我灵机一动,这样对孩子们说:"你们能说出王浩身上的优点吗?"

"王浩唱歌非常棒,我们音乐老师可喜欢他呢!"

"王浩很有爱心,他经常把自己的文具借给同学们用!"

"王浩的记忆力很好,他能把那些外国作家的名字都背出来!"

……

在同学们争先恐后的讲述中,儿子的头慢慢地抬起来,他睁大眼睛、张大嘴认真地听同学们讲述,从他的表情中我可以看出,他正在想:原来我身上有也有这么多优点呀!

这位家长的做法非常科学,她懂得要想让小学二年级的孩子改掉坏习惯,首先得让他们对自己有信心。所以,当儿子因为同学对自己的负面评价而难过,当儿子总是盯着自己的缺点看时,这位家长巧妙地把话题引导到儿子的优点上面,这不仅把孩子的目光从自身的缺点上面转移了出来,而且还促使着孩子去正确地认识自己。

教育界曾有人说过这样一句话："哪怕天下所有的人都看不起你的孩子，你都应该眼含热泪地欣赏他、拥抱他、赞美他。"对于这些正处在自我评价阶段中的二年级孩子来说更是如此。因为在二年级，孩子对那些负面的信息非常敏感，他们需要父母的欣赏和鼓励。

所以，当孩子身上的某种坏习惯总也改不掉时，你不妨引导他看到自己优秀的一面，因为一个渴望更加优秀的人是不能长时间地容忍自己身上的坏习惯的。

方法二：运用"加减法"来促使孩子养成好习惯

很多家长都曾这样向我抱怨："我家的孩子简直不可救药了，我都说了他 800 遍，他的那些坏习惯还是改不掉。"其实，对于二年级的孩子来说，家长对他们的坏习惯唠叨得越多、训斥得越多，他们的坏习惯往往越不容易改掉。

在多年的教学过程中，我发现，孩子每种坏习惯的形成都是有一定原因的。或者说，因为坏习惯能够满足孩子的某些心理需求，所以他们坏习惯的改掉常常是很困难的。

就拿孩子们不爱吃早餐的坏习惯来说，我仔细研究过，之所以大多数小学阶段的孩子都不爱吃早餐，是有多方面原因的。具体来讲，主要有以下几点：

第一，不吃早餐可以多睡一会儿，这在一定程度上能够极大地满足他们懒惰的心理需求；

第二，如果不吃早餐，孩子就可以从家长那里得到一定的零钱，这样他们就可以在课间去买那些他们爱吃的小零食了，这在一定程度上满足了他们"贪嘴"的需求；

第三，大多数家庭中的早餐都很单一，要么是牛奶面包，要么是鸡蛋，这种单一的食物往往会使这些喜欢新鲜感的孩子产生厌烦情绪，所以他们才常常会拒绝吃早餐。

对于这些年龄尚小的孩子来说，他们不会去考虑不吃早餐的危害，他们只会关注不吃早餐给他们带来的"眼前利益"，例如，可以多睡会儿、可以吃到爱吃的零食等。在这种情况下，家长的唠叨和强制不但不会对他们起作用，相反，这还会使孩子对早餐越来越反感。所以，由此我们可以得出这样一个结论：在改掉坏习惯方面，孩子需要的是家长的帮助，而不是唠叨和训斥。

俗话说，训子千遍，不如培养一个好习惯。那么，对于这些刚刚处在二年级的孩子来讲，家长应该如何帮助他们改掉坏习惯、养成好习惯呢？

作为家长我们知道，在二年级，孩子分辨是非的能力比以前增强了很多，再加上他们身上的很多坏毛病才刚刚出现，所以，只要家长对他们进行正确的引导和训练，他们的坏习惯是很容易改掉的。

一位家长曾这样向我抱怨：

都说小男孩好动，但我家儿子也太坐不住了，今年都上二年级了，但他仍然不能集中精力做作业。每天坐到书桌前不到两分钟，就会出来瞎转悠：要么去趟厕所、要么去冰箱里找点吃的、要么就喊口渴……每天晚上折腾两个小时，其实他真正学习的时间都不到 10 分钟。面对儿子这种坐不住的坏习惯，我所有方法都用尽了，批评过、强制过，也鼓励过，但他就是改不掉。我真不知道应该如何教育他了！

面对这位家长的抱怨和迷茫，我这样问他："每天晚上做作业时，在 1 个小时之内，你家孩子大约会来回溜达多少趟？"

"大概八九趟吧！"这位家长想了想说。

"那你希望孩子做作业时保持一种什么样的状态？"

"坐在书桌前就认真写作业，直到作业写完后再起来运动。"这位家长不假思索地说。

"照现在的情况来看，你家孩子要想达到这种状态需要很长一段时间。但如果你能按照我的方法去做，你家孩子坐不住的坏毛病就会一点点改掉。"

　　这位家长真的按照我所说的方法去做了，大约一个月后，这位家长打来电话，欣喜地告诉我，孩子坐不住的坏习惯已经明显减轻了。

　　家长们一定在好奇地想：你到底使了什么"法术"，让那个孩子的坏毛病这么快就有所减轻了呢？

　　其实，我仅仅是运用了一个很简单的"减法"，我这样对这个孩子的家长说："现在孩子 1 小时不是至少起来八九次吗，你这样对他说：'如果你在 1 小时内起来的次数能够减少到 6 次，连续 3 天都做到，那些动画片你可以随便看！'渐渐地，你可以把孩子在 1 小时内站起来的次数减少到 5 次、4 次，乃至更少。"

　　虽然二年级孩子的坏习惯还处于刚刚形成的阶段，但它之所以会被称作"习惯"，这就表示它的消失需要一个长期的过程。家长们要求孩子的那些坏习惯快速消失的想法是不科学的，也是不可能实现的。

　　另外，对于二年级的孩子来讲，家长运用"减法"帮助他们一点点改掉坏习惯，不仅是一种循序渐进教育方法的体现，而且还是对孩子的一种鼓励。就拿上述案例中的小男孩来说，如果他发现自己在每小时内站起来的次数逐渐减少，这对于他来说是一种莫大的鼓励，他会因此而对自己充满信心。在这种信心饱满的状态下，孩子的坏习惯是很容易改掉的。

　　坏习惯的改掉用"减法"，同样的道理，好习惯的养成就应该用"加法"。所以，在培养孩子养成好习惯的过程中，家长们可以常常对孩子这样说：

　　※"昨天你做对了 2 道题，今天做对了 3 道，这说明你越来越细心了！"

　　※"今天你多帮妈妈做了一件家务，这说明你越来越有责任心了！"

　　※"越来越多的困难都成了你的'手下败将'，这说明你越来越勇敢、坚强了！"

方法三：重视老师对孩子习惯培养的积极影响

从幼儿园到小学，由于教师角色的变化，大多数一年级的孩子都会对小学的老师持有一定的偏见——他们要么惧怕老师、要么讨厌老师、要么反感老师……总之，他们要和老师"磨合"一段时间才能接受老师角色的变化。

据我观察，这些刚刚进入小学的孩子至少要和老师"磨合"上一年的时间。人们都说，幼儿园的老师是孩子的"第二任母亲"，因为幼儿园的老师会像母亲那样无微不至地照顾孩子们。所以进入小学之后，孩子们还会深深地留恋自己的"第二任母亲"，他们仍然希望小学老师也能像母亲那样照顾他们。但通过一年的小学生活经历，孩子的心理也在成长，大概到了二年级左右，他们几乎已经摆脱了对"第二位母亲"的那种依恋，并且开始慢慢喜欢上了知识渊博、有一定权威性的小学老师。

在一次自由讨论课上，一个孩子的发言深深打动了我：

我让孩子们说出自己的理想，有的孩子说他将来想当科学家，有的孩子说他想成为一名优秀的医生，有的孩子说他想做一名在太空自由翱翔的宇航员……这时，一个孩子非常认真地说："我长大了要当一名优秀的老师，就像您一样，教我们读书学习知识。"

这个孩子的发言引起了孩子们的强烈反应，孩子们你一言我一语地讨论起来："我觉得老师好伟大，他们懂好多好多知识，我将来也要当老师""我觉得老师好神奇，他表扬了我两句，我就觉得自己浑身充满了力量"……

是的，对于二年级的孩子来说，老师的形象在他们心中发生了很大的变化。大多数的孩子都已经开始喜欢上有点严厉，而又充满亲切感的小学老师。当然，在这个时刻，对于他们来讲，老师忽然变得格外重要，就像上面那些孩子所说的，如果老师表扬他们两句，他们就会觉得自己浑身充满了力量。

当然，对于这些坏习惯刚刚露头的二年级孩子来讲，老师对他们坏习惯的改掉、好习惯形成的影响也是巨大的。

一位孩子家长曾这样对我说过：

我家孩子总是喜欢趴在桌子上写字，我对他说过很多遍了，趴着写字会影响视力，但他总是拿我的话当耳旁风。

但有一天，我发现孩子写作业时的姿势特别端正，我好奇地问他："今天怎么这么乖呀，不趴在桌子上写作业了？"

"老师说了，趴着写字会损害视力，如果小小年龄就戴上眼镜，鼻子就会被眼镜压得不好看，我可不想因为视力不好而变成一个丑八怪！"孩子有点认真，又有点调皮地说。

你说这孩子也怪了，我都说了无数遍了，趴着写字会影响视力，他就是听不到心里，但老师仅仅说了一遍，他就把老师的话当成了"圣旨"。是我这个做家长的不成功，还是老师使用了什么"妙计"呢？

其实，进入二年级，大多数的孩子都会出现这种现象，他们不再像以前那样听家长的话，而是常常把家长的话当成耳旁风；但他们却很重视老师对自己的评价，进而常常把老师的话当成"圣旨"。

为什么会出现这种现象呢？

从某种角度上来讲，我们可以把这种现象看作是孩子的一种成长。他们之所以常常会把家长的话当成"耳旁风"，是因为他们不像小时候那样依赖父母了，这完全可以看作是他们自我意识成长的一种表现；而他们之所以会把老师的话当成"圣旨"，是因为他们欣赏老师的知识渊博和权威，所以在他们眼中，老师的话是科学的，是非常有道理的。另外，这些进入二年级的孩子开始希望老师能够重视自己、欣赏自己，所以，在老师面前，他们总是努力想保持一下最好的形象。就像上述案例中那个孩子一样，为了避免成为"丑八怪"，为了维护自己在老师心目中的良好形象，他会有意识地改掉自己喜欢趴着写字的坏习惯。

由此，我们可以总结出这样一个结论：对于二年级的孩子来讲，老师对他们的影响作用是巨大的。所以，当家长对改掉孩子的某些坏习惯无能为力时，你不妨请老师帮忙。例如：

※当孩子不想改掉不讲卫生的坏习惯时，家长可以请老师亲口告诉孩子：老师不喜欢那些不爱干净、不爱整洁的孩子！

※当孩子不想改掉懒惰的坏习惯时，家长可以请老师告诉孩子：一个懒惰的孩子是不会有出息的！

※当孩子做事总是有头无尾时，家长可以请老师告诉孩子：有耐心的孩子才会有大的作为！

看到这里，很多家长也许仍然会苦恼地说："我家孩子总是不敢，或者不愿意与老师接触，老师的话对改掉他们的坏习惯会起效果吗？"

的确，到了二年级，仍然有一部分孩子不敢与老师接触，但越是这样的孩子，老师的话对他们的影响越大。他们之所以不与老师接触，是因为他们见识到了小学老师的权威，但并没有发现小学老师的亲切，在这种情况下他们有着强烈的与老师接触的愿望，但他们却不敢轻易付出行动。

在这种情况下，家长要常常鼓励孩子主动与老师接触，因为在二年级这一阶段，孩子与老师关系的好坏，往往决定着孩子的坏习惯是否能快速改掉、好习惯是否能快速养成。而且在这一阶段，老师对孩子是否重视，往往决定着孩子的学习态度和学习动力。

所以，在二年级这一阶段，家长可以鼓励孩子在课下与老师多接触。因为作为老师，我很了解老师们的心理，我们在课上之所以会表现得很严肃，其实那是树立老师权威的需要。但在课下，我们也想与孩子们打成一片、与孩子们成为好朋友。所以，家长们鼓励孩子在课下的时候多与老师接触，不但可以使孩子发现老师的亲切，而且还可以促使老师更加了解孩子。总之，这更有利于孩子好习惯的培养，以及良好学习状态的形成。

二 1-2年级，孩子自我意识的重要萌发期

什么是自我意识？

心理学家表示，自我意识就是意识到"自我"存在的能力，自我意识的存在，是人与动物的主要区别。

心理学家做过这样一个有趣的试验：

他给了猴子们一些木板，并让它们用木板来换糖吃。换到最后，猴子们的木板用完了，但他们还想吃到那些香甜可口的糖果，于是，这些小猴子开始用自己的尾巴来换、用自己的"手"来换、用自己的"脚"来换……

这些小猴子们的行为让心理学家捧腹大笑，为什么这些看起来很聪明的小猴子会表现出如此可笑的行为呢？心理学家给出的解释是，猴子没有自我意识，他们不能把自己同周围的事物区别开来。我们都知道，再小的孩子也不会用自己身体的一部分去换糖果吃，所以，心理学家表示，有无自我意识是动物和人在心理上的分界线。

那么，对于孩子来讲，他们的自我意识是从什么时候开始出现的呢？

儿童心理学家表示，人并不是生来就有自我意识的，但人的自我意识在很小的时候就已经表现出来了。大约在1岁半或2岁左右时，大多数的孩子都已经知道了自己的名字，并且几乎已经能用自己的名字或者代词"我"来称呼自己了，这标志着他们的自我意识开始出现了。

随着年龄的增长，家长们会发现孩子不合作的行为会渐渐增多，例如，孩子搭积木时总是搭不好，但当家长帮他把积木搭好时，他会很不高兴,而且还会粗暴地把那些积木都推倒。其实,这同样是孩子自我意识的一种表现,孩子之所以会生气,是因为这时他们已经萌发了"我自己来"的意识,家长在没征得孩子同意的情况下就帮助他们,这其实是不尊重孩子的一种表现。

其实,从发展速度上来讲,孩子自我意识的发展是有一定规律的:在小学之前,孩子的自我意识在缓慢地发展着,但到了一二年级,孩子的自我意识则进入了一个重要萌发期和发展期。

在生活中,细心的家长会发现,到了一二年级,孩子会发生很多变化:

他们开始不断地自我评价;

他们开始出现了自尊的意识;

有时他们很自信,但有时他们又非常自卑;

……

其实,这些都是孩子自我意识发展的表现,因为从心理学的角度来讲,人的自我意识包括很多方面,如自我认识、自我评价、自我观念、自尊心、自信心、自卑感、自制力等。孩子的这些明显的变化充分说明,他们的自我意识正在快速发展。也正是在这个意义上我们说,一二年级是孩子自我意识的一个重要萌发期。

这时,也许很多家长会提出反对意见:"在读一二年级之前,孩子的自我意识也在发展,为什么非说一二年级是孩子自我意识的重要萌发期,而幼儿园时期就不是呢?"

在多年的教学经验中,我发现,进入一二年级后,大多数孩子的自我意识会进入一个迅速发展期,他们的自我意识与以往会有着本质的不同。具体来讲,这些不同表现在以下几个方面:

1.他们对自己的认识会由外在特征转向内在特质。

"我是谁?"是哲学中一个很重要的课题。但如果我们用这个话题问孩子,相信大多数在幼儿园阶段的孩子都会这样回答:"我叫××,性别×,年龄×,居住在××地,会做××游戏……"的确,这些幼儿园

的孩子对自己的认识仅仅局限在自己的外部特征上。

但到了一二年级，孩子对这个问题的回答却会截然不同，他们一般会这样回答："我喜欢××事物，我的性格是××，我的朋友们都认为我是个有趣的人。"的确，到了学龄阶段，孩子对自己的认识就不仅仅局限于自己的外部特征了，他们开始关注自己的内在特质，并常常通过他人对自己的评价和看法来认识自己。

由此我们可以看出，从幼儿园到一二年级，孩子的自我意识发展进入了一个"质"的发展阶段。

但需要家长注意的是，虽然孩子的自我意识有了很大的发展，但由于他们对自己的认识常常受到他人和周围环境的影响，所以这一阶段的孩子常常会陷入自卑或者是敏感多疑的"死胡同"。

2.他们对他人的认识由具体转为抽象。

每个人都是社会中的人，在成长的过程中，每个孩子都不可避免地要跟外界接触。在与他人接触的过程中，孩子对他人的认识也在发生着很大的变化。

如果我们问孩子："你的好朋友是谁？"相信大多数的幼儿园的孩子都会以住的距离和物质来定义朋友。例如，这们常常会这样回答："××是我的好朋友，因为他就住在我家隔壁。""××是我的好朋友，因为他常常让我玩他的电动小汽车。"……

但到了一二年级，孩子对友谊的看法却发生了很大的变化，他们已经认识到，真正的好朋友是建立在互相帮助、互相支持的基础上。例如，他们常常会这样评价自己的好朋友："每当我遇到困难，××都会帮助我，我们是真正的好朋友。"

在与孩子接触的过程中，家长们会发现，从幼儿园到小学，孩子选择朋友的标准也发生了很大的变化。例如，在幼儿园里，孩子可能常常会这样说："××长得很漂亮，我要和他成为好朋友。""××有好玩的玩具，我要和他成为好朋友"……但到了小学之后，孩子常常会有这样的择友标准："我希望我的朋友跟我有共同的爱好。""我希望我的朋友能够帮助我、支持我。"……

其实,孩子的这一变化充分说明了这样一个问题:孩子对他人的认识已经由具体向抽象转化。在幼儿园时,他们几乎只关注他人的外表以及所拥有的物质,但到了一二年级,他们也开始关注他人的内在特质,如爱好、性格等,并以此来作为寻找朋友的标准。这一切都表明,孩子对自己以及他人的认识和评价都在发生着"质"的变化。

3.他们已经能够区分公开的自我和私下的自我。

在幼儿园阶段,孩子一般不会太过关注自己在他人心中的形象,因为在这一阶段孩子的思维常常是以自我为中心,他们不会关注他人的想法。但到了七八岁左右,也就是一二年级时,孩子开始懂得,每个人都有公众形象,他们不可以在公众场合里为所欲为。也就是说,在一二年级这一阶段,孩子已经能够区分公开的自我与私下的自我了。

生活中,大多数家长对幼儿园阶段孩子的评价常常用两个字来概括,那就是——任性。例如,他们常常在公开场合大哭大闹、他们常常因为一个玩具就与好朋友翻脸……为什么这一阶段的孩子会如此任性呢?

其实,从孩子自我意识发展的角度来讲,是因为这些年龄尚小的孩子不具备区分"公开自我"与"私下自我"的意识,他们更不具备站在"别人的立场上思考"的能力。但到了一二年级,孩子渐渐具备了这种意识和能力,他们开始为了获得他人的赞赏而小心翼翼地表现自己,并通过观察别人对自己行为的反应来修正自己的行为……这一切都在表明,到了一二年级,孩子的自我意识有了很大的发展。

也正是在以上分析的基础上,我们可以这样说,一二年级,是孩子自我意识萌发和发展的重要时期。但需要引起家长们注意的是,孩子自我意识的发展是有很多方向的,例如:

在一二年级这一阶段,孩子有可能会自信地面对未来,也可能会

完全走向自卑；

孩子有可能会乐观地接受生活所赐予他们的一切，也有可能完全走向悲观；

孩子的自我意识有可能会被他人的评价所左右，也可能会形成过分极端的自我意识，从而处处以自我为中心；

……

那么，到底是哪些因素决定着这些一二年级孩子自我意识的发展方向呢？在多年的教学过程中，我发现家长的教育对孩子自我意识发展的影响是巨大的。在很多情况下，家长的教育往往决定着孩子自我意识的发展方向。例如，有些家长不但没有充分地利用这一时期对孩子进行积极地引导，反而常常否定孩子、嘲笑孩子，结果到最后，孩子形成了自卑、悲观、消极的自我意识。当孩子的自我意识形成后，家长再想去改变，这就不是简单的事情了。

所以，在一二年级，每位家长都应该利用孩子自我意识萌芽和发展的关键期，对他们进行科学的引导。具体来讲，家长们可以借鉴以下几种方法：

方法一：面对消极、自卑——引导孩子深入地了解、认识自己

对于刚刚入学的孩子来讲，由于他们即将面对的是重重的困难和不适应，所以在这一时期，他们很容易产生消极的自我意识。

我就曾认识这样一个孩子：

这个孩子很聪明，也很懂得认真学习的重要性。由于班上的孩子都是刚刚从幼儿园进入小学这个陌生的环境，所以大都表现得特别不适应。但这个孩子表现出来的不适应，却要比别的孩子强烈得多，因为她的脸上长了一块很大的胎记，所以她常常边哭泣边对家长说："妈妈，我不想去上学了，老师和班上的同学都嫌我丑，他们都欺负我。"

这个孩子的妈妈很明智，她知道孩子之所以会这样说，是因为她脸上的胎记促使她产生了消极、悲观的自我意识。

为了使孩子尽快摆脱这种消极、悲观自我意识的影响,妈妈这样对女儿说:"女儿,在你出生前,我向上天祷告,请他赐给我一个与众不同的孩子,于是上天才让天使给你做了一个记号。你脸上的标记是天使吻过的痕迹,她这样做为了我在人群中一下子就能找到你……"

妈妈善意的谎言让女儿深信不疑。在这种思想的影响下,这个孩子很快就适应了小学生活,并顺利度过了"幼小衔接期"。当然,更重要的是,在这一过程中,这个孩子形成了积极、乐观、自信的自我意识。

一般来讲,在小学初期,大多数的孩子都不能正确地认识自己,由于常常会遇到困难和挫折,这些一二年级的孩子常常会捕捉生活中对自己不利的信息。就像上述案例中的小女孩,脸上的胎记使她形成了消极的自我意识,所以,当她发现同学在悄悄说笑时,就会觉得同学们是在嘲笑自己。作为成人我们知道,在这种消极思想的影响下,孩子的自我意识很容易就会走向自卑、悲观的死胡同。

也许有家长会问:"我家孩子的脸上没有胎记,他也会捕捉那些对自己不利的信息吗?"

是的,在一二年级,由于孩子对小学的生活还不是很适应,即使他们身上没有明显的缺点,在那些接踵而至的困难和挫折面前,他们也常常会形成消极的观念,进而总是捕捉那些对自己不利的信息。

那么,作为家长,我们应该如何帮助他们形成积极乐观的自我意识呢?

根据多年与孩子相处的经历,我总结了这样一个经验,要想使孩子形成积极乐观的自我意识,家长们可以从以下两个方面帮助孩子:

※一是帮助孩子正确区分自己心中的"自我"与现实生活中的"自我";

※二是帮助孩子区分现实中的"自我"与他人评价中的"自我"。

对于一二年级的孩子来说，虽然他们的自我意识在发展，但在很多情况下，他们仍然不能正确地区分自己心中的"自我"与现实中的"自我"。例如，有些孩子凭借自己在相貌或家庭条件上的优势，总是觉得自己比他人强；或者因为偶尔取得了一次好成绩，就会觉得自己了不起，或者经常以"常胜将军"自居……作为成人我们知道，孩子之所以会表现出这些特点，是因为他们误把自己幻想中的"自我"当成现实中的"自我"了。在这种情况下，孩子很容易就会受到现实的打击，当他们幻想中的"自我"被现实"击破"时，他们很容易形成消极悲观的自我意识。

那么，作为家长，我们应该如何帮助孩子区分想象中的"自我"与现实中的"自我"呢？

每当家长问我这个问题时，我都会这样告诉家长们：通过与同伴比较，让孩子认识到自己的长处和短处，并主动去挖掘自己的优点，弥补自己的缺点。

我知道，这对于家长来说，听起来很简单，但做起来却很难。但一位聪明的家长却把这种很泛泛的方法用一种很具体的方法表现出来。

利用孩子带同学来家里做客的机会，在孩子们没有意识到的情况下，家长把孩子与同学的聊天语言悄悄地录了下来。

待同学走后，家长拿着录音机神秘地对孩子说："送你一份珍贵的礼物！"

听到自己的声音从录音机传出来，孩子即惊讶又兴奋。这时，家长一点点地与他分析："人们平时听到自己说话的声音，是通过空气和骨骼两种介质传播所形成的声音，这并不是自己真实的声音；而当把自己的声音录在录音机里再听时，这时的声音是通过空气一种介质传播的，这才是一种真实的声音。"

看着孩子听得入迷的样子，这位家长继续给孩子分析："从你的声音中，我能感觉到，你是一个自信的孩子，因为你说话很有力度，这是你的优势。但与你的同学相比，你也表现出了明显的劣势。你听，你的同学总在询问你的想法，这说明他能很好地在站在你的角度思考问题，这是与人相处的一种很重要的能力，而你在这种能力方面好像要表现得弱一点！"

听到家长头头是道的分析，孩子高兴地说："我好像更了解自己了！"

的确，对于这些一二年级的孩子来说，他们可以评价别人是怎样一个人，但要让他确切地说出自己是怎样一个人，这对于他们来说是一个很难的问题。而且他们还常常错误地把自己心中的"自我"当成现实的"自我"。在这种情况下，家长有必要引导他们通过与同伴的对比来认识自己，而上面的这位家长正是通过巧妙的方法，让孩子对现实中的"自我"有了正确和深入的认识。

一二年级的孩子是很容易被新鲜事物吸引的，录音机中的"真实声音"很容易就会激起孩子想了解"真实自我"的欲望，再加上与同伴做比较，在这种情况下，孩子会认真地思考家长对他的分析和评价。在这种状态下，孩子也很容易发现自己的优势和劣势。

所以，当你刚刚入学不久的孩子总是区分不开心中的"自我"与现实中的"自我"时，家长不妨用上述方法，引导孩子正确了解、认识自己。

当然，由于这些二年级孩子的自我意识总会不断变化，所以，他们对自己的看法常常会受到他人的影响。如果他人总是夸奖孩子的优点，那孩子就会觉得自己是个浑身充满优点的孩子；但当他人总是指责孩子的缺点时，孩子很容易就会觉得自己是个一无是处的孩子。

在这种情况下，家长最需要做的就是，帮孩子分清现实中的"自我"与他人评价中的"自我"。当然，在这一过程中，家长要把握好两个原则：

※当孩子因别人的评价而欢欣鼓舞时，家长不要打击他们，但一定要让他们看到自己的"实力"，从而引导他们朝着更优秀的方向努力；

※当孩子因为他人的评价而垂头丧气时，家长更不要添油加醋，而是要引导他们意识到那些缺点仅仅是他的一部分，他仍然可以朝着更加优秀的方向努力。

方法二：面对推卸责任、悲观——培养孩子积极的"自我归因"能力

每次考试成绩公布时，相信大多数的家长都会听到孩子说这样的话：

"我这次没考好是因为老师出的题太难了！"

"考试那天我太倒霉了，出门就差点被车撞上，所以没考好！"

"考试那天天气太冷了，我都被冻感冒了，所以没考好！"

……

作为成人我们知道，当成绩没考好时，这些一二年级的孩子之所以搬出这么多的客观原因，是因为他们不想承认，或者不想去面对那些自身的原因，例如，这一阶段自己没有认真学习、在考试时没有认真检查等。其实，在这一现象中，体现的是孩子的"自我归因"能力。

所谓"自我归因"，简单来说就是首先从主观方面寻找成功或失败的原因，之所以说这是一种积极的归因方式，是因为主观因素是可控、可改变的，唯有找到主观因素，才能使延续成功或者规避失败的努力具有可控性。但是有的孩子成绩没考好时，他习惯性地用客观原因来说服自己和他人，这就是一种消极的归因方式；如果当孩子成绩没考好时，他首先想到了是自身的原因，并积极地去想改进的方法，这就是一种积极的"自我归因"。其实，孩子的"自我归因"能力也是自我意识的一个很重要方面。

对于一二年级的孩子来说，他们完全可以拥有积极的"自我归因"意识，例如，出现了错误，他们首先反省自身的因素，而不是抱怨他人或客观条件。对于这些正在成长的孩子来说，这不仅是一种积极的思维方式，更是一种重要的能力。这种能力往往决定着孩子所取得的成就。

相信大多数的家长都听过这样一个故事：

有一对兄弟，一个出奇的乐观，而另一个却非常悲观。他们的父母想让他们的性格都改变一些，于是就把乐观的孩子锁进了一个堆满马粪的屋子里，把悲观的孩子锁进堆满玩具的屋子里。一个小时后，当父母打开关悲观孩子的屋门时，发现他正坐在一个角落里哭泣，当家长问他哭泣的原因时，这个孩子伤心地说："我怕把这些玩具弄坏，怕你们责骂我。"

但当父母打开满是马粪的房间时，却发现乐观的孩子正兴奋地用一把小铲挖着马粪。看到父母，他高兴地说道："看这儿有这么多马粪，里面一定会有一匹漂亮的小马，我一定要把它找出来！"

这个乐观的孩子就是后来的美国总统里根，他从报童成为好莱坞明星，又从州长走向了总统的宝座。

由这个故事我们不难看出：在里根成为总统的过程中，他的那种乐观的态度对此起着非常重要的作用。但人的乐观态度又是从何而来呢？

心理学家经过研究发现，人们所持有的稳定的情感和态度，大多是由他们从小习惯的归因方式所决定的。就拿这些一二年级的孩子来说，如果出现了错误，他们总是在他人或外部环境里寻找原因，那孩子很容易就会走向悲观。

我就曾教过这样一个孩子：

这个孩子几乎每天都迟到，每当我问他原因时，他都会说："妈妈起床晚了，所以我也起床晚了。"在我的建议下，这个孩子的妈妈给他买了个闹钟，但第二天这个孩子仍然迟到了，我再问他原因时，他仍然理直气壮地说："妈妈给我买的闹钟声音太小了，我都没有听到闹钟响。"

也许家长们会说："这个孩子是在撒谎，他是在为自己的错误寻找理由。"其实，确切来说，这应该算是孩子的一种归因方式，也就是说，他已经习惯了把由自己失误而造成的错误推给别人或周围的环境。家长们可不要小看孩子的这种归因方式，久而久之，它就会变成孩子的

一种习惯性的思维方式：只要一出现错误，他就会去自身之外寻找原因。在这种情况下，孩子是很容易悲观的，因为他们往往看不到自己身上的错误，而只会把目光盯在外部环境中对自己不利的因素上面。在这种状态下，这些孩子就像上述故事中那个悲观的孩子一样，会用悲观的情绪一点点把自己打败。

但如果孩子能够用积极的"自我归因"方式去分析错误，那他们很容易就会把遇到的问题解决掉，并且还会收获乐观的生活态度。当然，孩子积极的"自我归因"能力是需要家长用耐心和细心来培养的。

一位聪明的家长是这样做的：

孩子刚刚学习走路时不小心撞到了桌子，这位家长没有像一般的家长那样哄孩子："桌子不乖，把宝宝撞疼了，桌子该打。"而是这样对孩子说："宝宝把桌子撞疼了，桌子没有眼睛，宝宝有眼睛呀，桌子不哭，宝宝下次一定会小心的！"

渐渐地，孩子上了小学，当孩子因为迟到而受到老师批评时，这位家长也没有像别的家长那样安慰孩子："都是妈妈不好，让你起床起晚了，下次妈妈早叫你一会儿，你就不会迟到了！"而是这样对孩子说："如果你把闹钟提前十分钟，以后你就再也不会迟到了！"

……

正是由于从小接受的是这种教育，这个孩子从来都不惧怕困难和错误，因为他懂得如何改变自己去战胜困难、改正错误。也正因如此，这个孩子一直都拥有积极、乐观的生活态度。

其实，在孩子很小的时候，家长就应该有意识地培养孩子积极的"自我归因"能力，就像上述案例中那位妈妈的做法，孩子撞到了桌子，她没有去埋怨桌子，而是告诉孩子这是由孩子自己不小心而造成的，并向孩子传达了这样一个重要的观念：只要你下次小心点，就不会再撞到桌子上了。

当孩子到了一二年级，家长更应该引导孩子用积极的"自我归因"

去分析事物。我们都知道，一二年级是孩子自我意识快速发展的一个重要时期，如果在这一重要的开端时期，孩子总是用消极的归因方式去分析事物，那到了三四年级，孩子这种消极的归因方式很可能就会定型，从而形成消极的思维习惯。到那时候，家长再想让孩子改掉这种消极的思维习惯，将是很难的一件事情。

具体来讲，家长可以按着以下步骤来培养孩子积极的"自我归因"能力：

※告诉孩子，不管是由于什么原因，只要是出现了错误，首先应想到的是如何才能弥补错误；

※引导孩子先从自身的方面寻找原因，例如，考试没考好，不去找客观原因，而是思考在这一阶段自己是否在努力学习，等等；

※继续向孩子传达这样的观念，出现错误并不可怕，可怕的是在错误中没有所得，引导孩子在吸取错误的经验中提高自己、改变自己。

方法三：面对以"自我"为中心——让孩子学着吃点"亏"

生活中，我们常常会听到很多家长这样抱怨孩子：

"好吃的都是他的，家务都是我们的，这孩子也太'精'了！"

"与班上的同学相处时，他从来都不愿意把自己的好东西与大家分享！"

"每当让他做家务时，他都会表现出十二分的不满意，就好像他就不应该做家务一样！"

……

当孩子进入小学之后，大多数家长都会这样想：孩子长大了，应该比以前懂事了。但孩子们的种种表现却使家长们很失望，为什么这些上了小学的孩子还会这样不懂事呢？为什么他们会如此以"自我"为中心呢？

在多年与孩子们接触的过程中，我发现，这些孩子之所以会如此以"自我"为中心，是因为他们没有形成正确的自我意识。我们都知道，人类的自我意识是分为很多方面的，如自我认识、自我评价等，除此之外，还有自尊心、自制力、责任感等。虽然一二年级的孩子都已经明白自己与他人之间有着明确的界线，但在一般情况下，他们常常不愿意承担自己的责任和义务。

就拿做家务来说，在大多数一二年级孩子的观念里，家务事与自己无关，做家务就应该是家长的事情。他们只意识到了自己是一个单独的个体，但并没有意识到，在家庭中，自己也应该承担一定的责任。确切来讲，我们可以这样说，一二年级的孩子之所以还会如此以"自我"为中心，是因为他们的自我意识还没有发展完善。

那么，家长应该如何帮助这些孩子发展正确、全面的自我意识呢？

一位家长这样分享自己的经验：

孩子上小学了，为了使他的身体健康成长，我特意给他订了鲜奶。但每天早餐去小区门口的奶站取奶成了难事：老公上班走得早，如果我去取奶，就没有时间做早餐了。于是，我就说服让孩子自己去取奶。

前几天，孩子觉得新鲜，他会早早地起来去取奶。但过了那股新鲜劲儿，他常常这样为自己找理由："妈妈，今天下雨了，我怕摔倒，不想去取奶了"、"妈妈，我想多睡一会儿，我不想去取奶了"……每当这时，我都会反问他："如果因为下雨，妈妈可以不去上班吗？每个人都想多睡会儿，妈妈可以因为想多睡会儿而不起来给你做早餐吗？"看孩子在思考，我继续对他说："每个人都生活在家庭中，他会受到别人的照顾，与此同时，他也应该承担一定的责任……"在我的说服下，孩子一直自己坚持拿牛奶。

终于，在一件小事中，我发现了自己的教育方式对孩子所起的效果。那是一个冬天，因为下雪路滑，到了取奶的时间牛奶工还没有来。在取奶的人群中，有人开始抱怨："这个取奶工太不守时了……"然而，我小小的儿子竟然说:"下雪天,路上不好走,牛奶工也不容易呀!"

就这样一句话,使得旁边所有的人都对他刮目相看。

对于一二年级的孩子来说,他们很容易就会意识到自己是一个单独的个体,自己与他人是有区别的,但他们却很难自己意识到对所在集体也应该承担一定的责任。在这种情况下,他们需要家长的引导,就像上述案例中的那个孩子,一开始他是因为新鲜才去奶站取奶,但妈妈的教育使他懂得,作为家庭成员,他也应该为家庭尽一份力,所以,在责任感的驱使下,孩子开始心甘情愿地去取奶。

其实,这就是孩子成长的一个过程。在这一过程中,孩子不仅懂得了自己作为家庭成员的责任,而且还能够做到"站在他人的角度思考问题"。例如,上述事例中的孩子能够站在送奶工的角度思考问题。这一切都表明,在这一过程中,孩子的自我意识有了很大程度的发展。

读到这里,也许有家长会说:"我也常常要求孩子做点家务,当遭到孩子的反对时,我也会给他讲他有责任也有义务为家庭做一些力所能及的事情。但我越这样说,孩子往往越反感,越不愿意做家务。"

是的,由于自我意识的发展,面对很多事情,这些一二年级的孩子已经有了自己的想法和主意。如果家长强行推翻他们的想法,并要求他们接受自己的思想,这肯定会引起孩子的反感,进而使得他们越来越不愿意与家长合作。

所以,要想使孩子的自我意识继续发展,家长在教育孩子时还应该讲究一定的技巧。

一位家长这样说:

快过年了,我让孩子去采购年货,结果孩子采购了大批的薯条、果冻等小零食回来。我故意装作不高兴的样子对她说:"你没问爸爸妈妈喜欢吃什么就把年货买来了,你的年货办得不合格!"

没有办法,孩子只得再去一次超市。结果从这之后,不管是购物还是买饭,孩子都会提前问我们:"爸爸妈妈,你们喜欢什么?"

还有一位家长这样说：

吃雪糕时，每次我都会拿出两根不同的，这时女儿总是抢着先挑。但吃了几口后，我都会皱着眉头说："这根不好吃，我要吃你那根。"女儿总会这样对我说："妈妈，你去冰箱里再拿一根吧！"但我不同意，我就是要吃女儿那根。

吃过几次"亏"之后，女儿学"乖"了，每次吃雪糕之前，她都会这样对我说："妈妈，你先挑。"

从这两位家长的分享中我们可以看得出，他们改掉孩子以自我为中心的技巧就是——让孩子吃几次"亏"。如果没有家长的正确引导，这些一二年级的孩子是很容易以自我为中心的：好吃的都放在自己面前，家务都推给家长。在这种情况下，家长就应该让他们在吃"亏"中吸取教训，就像上述事例中所说的，让孩子多跑几次腿儿，他们就知道关注家长喜欢吃什么了；让他们多吃几次"亏"，他们就懂得谦让他人了。

其实，对于这些一二年级的孩子来说，"吃亏"也是他们的一种成长方式。由于他们已经产生了一定的自我意识，也许他们不会轻易信服家长的"大道理"，但"吃亏"却能使他们清醒，进而会自己总结不再"吃亏"的经验。

随着年龄的增长，以及孩子自我意识的继续发展，他们会明白家长的一片"苦心"。到那个时候，他们会为自己所拥有的能力（如强烈的责任感、站在他人角度思考问题的能力、关心他人的能力等）而感到骄傲，他们更会感激家长对自己的教育。

四 1-2年级,开发孩子智力的"黄金期"

作为家长,我们都了解早期教育的重要性,很多家长在孩子小的时候就十分注重孩子智力的开发,常常采用各种手段去开发孩子的智力。但等到孩子入学之后,这些家长就觉得自己的任务已经完成了,他们常常会产生这样的想法:"这时候孩子的智力差不多已经定型了,该开发的都开发了,即使孩子的智力发展还有潜能,那也只能靠老师去开发了。"

其实,家长们的这种想法是完全错误的,而从这些想法中也可以看出,这些家长根本不了解孩子智力发展的规律。科学研究发现,在8岁之前,孩子的智力发展要经历两个"黄金期"。如果把成人的智力水平看作是100%,那从出生到4岁这一阶段,孩子的智力就已经发展了50%;到8岁时,孩子的智力就已经发展了他们整个人生智力水平的83%~90%。

现在大多数的孩子在六七岁时就已经入学了,如果在这时家长就放弃对孩子智力的开发,这就等于放弃了开发孩子智力的一个"黄金期"。

也许这时会有家长说:"孩子已经上学了,老师会开发他们的智力的。"但值得家长们注意的是,一个一年级的班级里至少会有20名学生,至多才会有2位老师。在这种情况下,即使老师把全部心思都扑在教育事业上,也不如家长一对一的教育方式对孩子的智力开发更有利。

我是一名老师,我了解老师在孩子智力开发中的作用。虽然老师每天都在教孩子们知识、教他们如何学习,但老师的主要作用仍然是

传授给孩子知识，并不是开发孩子的智力。所以在一二年级孩子智力开发的这一"黄金期"，开发孩子智力的任务仍然在家长肩上。

当然，在开发孩子智力的过程中，很多家长还常常持有这样的观点："我家孩子天生脑子笨，再怎么开发也不会变聪明""我家孩子天生就聪明，他的智力根本不用开发"……

的确，由于受遗传等因素的影响，加上家长们对孩子早期教育的重视程度不同，所以到了一二年级，孩子们的智力会表现出很大的差异。但如果由此家长们就得出自家孩子"天生笨"或"天生聪明"的结论，这是没有科学依据的。

相信大多数的家长都听说过"小卡尔·威特"与"方仲永"的故事。

小卡尔·威特刚出生时被人们看作是有些痴呆的婴儿，然而随着年龄的增长，他在八九岁时就已经掌握了6国语言，并通晓化学、动物学、植物学、物理学以及数学等多门学科，并顺利地考入了多所大学。

方仲永，5岁便能写诗，因此被当地的人称为"天才"，但随着年龄的增长，他写诗的能力却在一点点退化。进入成年后，他的才能尽失，最终沦落为普通人。

"白痴"变成"天才"，"天才"沦落到"泯然众人矣"，孩子的智力发展到底与哪些因素有关呢？在多年的教学研究过程中，在与众多孩子及其家长接触的过程中，针对这个问题，我总结出了以下几点：

1.孩子的生活环境。

我曾教过这样两个孩子：

这两个孩子是好朋友，他们住在同一幢楼内，每天都一起上下学。但这两个孩子在学校的表现却截然不同，其中一个孩子聪明伶俐，上课时总能与我进行积极的互动；但另一个孩子却总是浑浑噩噩，一副睡不醒的样子。也正因如此，不论是在智商方面，还是在学习成绩方面，第一个孩子总比第二个孩子要强得多。

为什么会出现这种情况呢？通过家访我才知道，第一个孩子的父母很和睦,他们正在努力地营造更有利于孩子成长的生活环境;然而第二个孩子的父母却矛盾重重,因为一点小事,他们常常就大打出手。

由这两个孩子的成长环境及其在学校的表现,我总结出了这样一个结论:成长环境对孩子智力的发展会有很大的影响。

而很多国外的教育学家通过做试验也证明了这一结论。美国的教育学家表示,充满噪音的环境可以使孩子的发展出现障碍;法国教育学家们把这一理论具体到数字上,他们通过实验得出,噪音在 55 分贝时,孩子的理解错误率为 4.3%,而噪声在 60 分贝以上时,孩子的理解错误率则上升到 15%。

另外,还有教育学家经过研究发现,如果父母关系紧张,整日争吵不休,孩子享受不到父爱和母爱,在这种环境中,孩子体内的生长激素就会减少,从而会促使孩子身材矮小、智商低下。

所以由此我们可以这样说,和睦的家庭环境是孩子智力正常发展的先决条件。当然,家庭的和睦是最重要的,但家庭的温馨程度对孩子智力的发展也会有一定的影响。例如,孩子房间里的颜色也会对他们的智力有所影响。

对于一二年级的孩子来说,淡蓝色、黄绿色以及橙黄色能使他们精神振奋,注意力集中;而黑色、褐色、白色却可以损害智力,降低智商。所以,家长可以在孩子的卧室或书房悬挂一些淡蓝色背景的挂画或条幅,这不但有利于孩子的学习,而且对提高孩子的智商也有一定的帮助。

2.家长的教育方式。

孩子入学之后,大多数家长对孩子的教育都转移到了学习方面。于是,生活中我们常常会看到这样的教育场景:

孩子放学回家后,家长马上对孩子说:"快去做作业!"

孩子正在投入地搭积木,家长皱着眉头对孩子说:"别再玩这些小孩子玩的游戏了,快去做作业!"

……

我们都知道，一二年级的孩子正处于爱玩的年龄，如果家长总是强迫着他们去学习，即使他们真的服从了家长的权威，坐到了书桌前，他们的心思也不会在学习上。而且，在这种情况下，孩子们还会产生这样的想法：学习真的是一件无聊而又辛苦的事情。在这种状态下，孩子的智力不但得不到开发，而且很容易就会产生强烈的厌学情绪。

教育这些一二年级的孩子，家长必须懂得他们的需求，这样才能引导他们去主动学习，才能在学习的过程中使他们的智力得到开发。

开家长会时，我常常会给那些一二年级孩子的家长提出这样的建议：

※孩子放学回家后，先别急于问孩子的学习情况，可以先让孩子讲一讲那些发生在学校里的有意思的事情。这不仅可以缓解孩子在校学习的压力，而且还可以使孩子的情绪处于兴奋或愉悦的状态。科学研究表明，当孩子的情绪处于兴奋和愉悦状态时，不管是学习还是玩，这都将有利于他们智力的发展。

※孩子回家之后，家长不要急于强迫孩子去学习，可以这样问孩子："你是想先玩一会儿，还是想先学习？"我们都知道，这些一二年级的孩子正处于爱玩的年龄，所以在一般情况下，他们都会选择先玩一会儿。

其实，让孩子先玩后学习是一种科学的教育方法，一方面它满足了孩子爱玩的天性；另一方面它还有利于孩子自制力的发展。我们都知道，这些一二年级孩子的自制力是很差的，如果家长不提醒他们，他们很有可能就会不停地玩而忘掉学习。所以，家长让孩子先玩后学习，这既是在满足他们的天性，又是在巧妙地提醒他们不要忘记学习。

3.家长所掌握的家教知识。

因为教师这一职业的缘故，我总是不可避免地要与学生的家长接触。在接触的过程中，我在心中常常会把家长们分为两类：一类是走在孩子成长脚步前面的家长;另一类是总是惧怕孩子成长的家长。

所谓走在孩子成长脚步前面的家长,常常是指那些注重学习的家长。孩子每进入一个新的成长阶段,例如出生、进入幼儿园、进入小学,他们都会通过各种渠道来获得家教知识,了解这一阶段孩子的心理,以及在这一阶段孩子有可能会出现的问题。这样,他们就能对孩子的成长做到心中有数,从而能够从容地面对孩子的成长了。说实话,我从内心里敬佩这些家长,因为从对孩子的成长负责的角度来讲,他们才算是最称职的家长。

所谓总是惧怕孩子成长的家长,是指那些跟不上孩子成长脚步的家长。这些家长不是提前去了解孩子的成长过程,而是当孩子出现问题时才去焦急地应对。所以,他们常常抱怨孩子所出现的问题、惧怕孩子的成长,更因为不了解孩子的成长规律,所以他们常常错过孩子智力发展的最佳时期。

每位家长都希望自己是一位称职的家长。那么,对于一二年级孩子来说,家长应该掌握哪些知识,才能成为走在孩子成长脚步前面的家长,才能把孩子智力的潜能最大程度地激发出来呢?

具体来讲,家长们可以从以下几点做起:

(1)教孩子正确使用筷子。孩子入学之后,大多数家长都会重视孩子的学习成绩,但却极少注意孩子如何握筷子,殊不知,这二者之间有着一定的联系。

很多心理学家都表示,孩子能否正确使用筷子,对其智力发展有直接的影响。因为心灵与手巧是互动的,经常活动手指能够促进智力的发展。另外,两根筷子配合着夹东西,也可以促进孩子思维与动作的协调,以及训练孩子的注意力集中程度。

虽然一二年级的孩子已经具备了一定的自理能力,但在他们之中仍然存在一部分孩子吃饭时依赖勺子,或者不会正确使用筷子等问题,所以在这种情况下,为了孩子智力的发展,家长一定要教孩子学会

正确地使用筷子。

（2）左右脑的开发。

一本生物学著作中这样形象地描述左右脑的功能：

人类的大脑就是一个司令部，里面同时有两个司令员，左脑司令员操控语言和逻辑，是记忆脑；右脑司令员掌握音乐、图像、阅读等，是创作脑。

其实，一个人左右脑的开发程度，往往就代表着这个人的智力发展水平。所以，在生活中家长要有意识地开发孩子的左右脑。例如，改变孩子的床在房间的位置，或者让孩子不断改变睡觉的姿势，这样可以使孩子大脑的左右半球都得到锻炼，从而使他们的左右脑均衡发展。

（3）不要有意纠正"左撇子"。

快到上学的年龄，孩子开始握笔学习写字。但当家长发现孩子使用左手握笔时，都会严厉地指出孩子的错误："用右手写字！用左手写字是'左撇子'！"

其实，心理学家表示，家长不应该硬性纠正孩子使用左手的习惯。因为大多数"左撇子"都是天生，这是孩子维持肢体协调性的一种需要。如果家长刻意让孩子变成"右撇子"，这很容易破坏孩子肢体的协调性，从而使孩子陷入认知混淆状态。所以，孩子习惯于使用哪只手，家长一定要顺其自然，这样才更有利于他们的健康成长，才更有利于他们智力的开发。

除了以上几点之外，在一二年级，家长还可以通过以下几种方法来开发孩子的智力：

方法一：引导孩子"玩"出名堂——培养孩子的好奇心

由于刚刚从幼儿园的环境走过，所以大多数一二年级的孩子都没有办法从"玩"的状态，完全到渡到"学习"的状态中来。所以，在很多时候，这些孩子常常会表现得很"贪玩"。但家长们先不要抱怨，"玩"也是有一定学问的,如果家长引导孩子注重"玩"的技巧,在这一过程中,孩子的智力就能得到提升。

我曾看到过这样一个故事:

俄国著名的心理学家塞德兹小时候,父亲曾拿回一些旧的眼镜片给他玩,里面有近视镜片和老花镜片。小塞德兹玩得不亦乐乎,因为他对新奇的事物都很感兴趣。

小塞德兹拿着这些镜片,放在眼前看来看去,不一会儿,他就感觉晕乎乎的。他又开始尝试把镜片放在离眼睛远一点的地方观察,结果发现透过这些镜片,物体的形状发生了改变。后来,他又尝试将两个镜片叠在一起观察,当他一手拿着近视镜片,一手拿着老花镜片,一前一后地放在眼睛前面观察时,他突然发现远处教堂大楼上面的尖塔竟"出现"在他的眼前!

这一发现让小塞德兹惊奇不已,他大叫起来:"爸爸,快来看,教堂上的尖塔! 尖塔! "

就这样,小赛德兹在爸爸的引导和帮助下,开始逐步了解了望远镜的原理,并亲自动手制作了一架简易望远镜。

读完这个故事,我们能说小塞德兹天生就聪明吗? 能说他天生就智商高吗?

当然不能,这完全要归功于父亲对他的教育。就连塞德兹博士本人也这样认为,他曾多次在自己的作品里告诉所有的父母:让孩子在快乐中学习,在游戏中学习。

是的,对于这些年龄尚小的孩子来说,玩就是学习,玩也能"玩"出名堂。就像上述事例中的小塞德兹,如果不是在游戏之中,如果爸爸仅仅是干巴巴地给他讲望远镜的原理,小塞德兹很可能对这些知识根本就提不起兴趣,更不可能自己制作出简易望远镜。所以,我们也可以这样说,是小塞德兹在玩耍过程中所表现出来的好奇心,以及父亲正确的引导,才促使他有了这一重大发现。也正是因为他具备在"玩中学

习"的能力，所以他的智商才会比平常人高。

其实，在教学的过程中，我也常常能够接触到那些聪明而且爱玩的孩子，他们能够自己制作简易喷水手枪；他们常常会想到很多"妙招"来耍老师、欺负同学……但他们在学习方面却常常表现得无能为力。用家长们的话说就是，这些孩子聪明是很聪明，但就是不把聪明用在正道上。

那么，家长如何才能让孩子把聪明用在正道上，或者说，家长如何才能让孩子们"玩"出名堂？其实，最重要的一点就是让孩子保持强烈的好奇心。

在与孩子们接触的过程中我发现，那些表现得非常聪明的孩子大多都具有很强的好奇心。例如，一个二年级的孩子曾这样给我讲述过他的一段经历：

一天晚上，我和爸爸去散步，回来时有些晚，路上的行人也渐渐稀少了。虽然爸爸在我身边，但我还是有些害怕。忽然，我发现自己的身边有很多个影子，是不是有人跟踪我们，我猛地回过头去，发现后面没有人，四周也没有人。我很纳闷，每个人只有一个影子，但这些多出来的影子是从哪来的呢？

我和爸爸安全到家了，这时我再观察，发现我确实只有一个影子，我更迷惑了。躺在床上，我一直睡不着，于是我只得起来查阅我的宝贝书——《十万个为什么》。

终于，在这本宝贝书中，我找到了答案。原来，当人走在路灯下时，因为多个路灯是从不同角度照在人身上，所以人才会产生多个影子。与此同时，我还了解了一些光的反射和折射原理。心中的疑问解答了，这下我可以安安稳稳地睡个好觉了。

很多一二年级的家长常这样问我："为什么同在一个班级，有些孩子知识面很宽广，而有些却只懂得课堂知识呢？"每当这时，我都会告诉这些家长们，那是因为孩子的好奇程度不同。就拿上述事例中的情况来说，也许大多数的孩子不会发现自己在路灯下会出现多个影子；也许有些孩子也发现了，但这并没有引起他们的好奇心；也许有些孩子也好奇了，但没有搞清楚这个问题之前，他们就已经把这个问题忘掉了……总之，我们可以这样说，是因为这些孩子没有好奇心，或者好奇心不强，才促使他们失掉了很多开阔知识面的好机会。

所以，要想让孩子拥有广博的知识，要想激发孩子智力的潜能，家长首先应该让孩子保持强烈的好奇心。

曾听一位同事这样说过，当孩子遇到不懂的问题，或看到不明白的现象时，如果他们出现"心里痒痒"的感觉，这说明他们具备了强烈的好奇心。就像上述事例中的孩子，当心中的疑问没有得到解答时，他会吃不香饭、睡不着觉，这就说明他的好奇心很强烈。所以，对于家长来说，培养孩子的好奇心，其实就是培养孩子"心里痒痒"的那种感觉。

具体来讲，家长可以从以下几个方面去努力：

1.耐心倾听孩子的问题。

虽然一二年级的孩子已经掌握了一定的知识，但在很多时候，他们仍然会产生很多疑问，例如，为什么人不能像动物那样吃草；眼泪是怎样产生的；人的身体里是否有一个血袋……

面对孩子这些有些幼稚的问题，很多家长常常会表现得不耐烦，或者随便给出一个答案来应付孩子。我们知道，一二年级孩子的自我意识已经萌芽了，他们有了一定的自尊心，家长这种不耐烦的态度常常会使他们的自尊心受到伤害，所以，即使下次再遇到不懂的或者好奇的事情，他们也不愿再向父母提问。可以说，绝大多数孩子的好奇心都是被家长那种不耐烦的态度所扼杀的。

所以，不管所问的问题多么幼稚，也不管当时家长正在忙些什么，家长都应该用耐心的态度对待孩子的提问。

2.留给孩子思考的时间。

生活中，还存在这样一类家长，他们对孩子的提问总是表现得很

热情，总是迫不及待地回答孩子的提问。但需要家长们注意的是，孩子好奇心的成长需要思考的空间。如果家长动不动就把答案扔给孩子，这只会使孩子的思想变得懒惰，从而使好奇心一点点减弱。

所以，当孩子再向你提问时，你不妨先与孩子讨论一下这个问题，引导孩子自己去探索，最后再给出他正确答案。其实家长在与孩子讨论，及其引导孩子自己去探索答案的过程，就是激发孩子好奇心的一个过程。

3.多演示，少说教。

一个二年级的孩子刚刚学了有关"风"的一些知识，但他好像觉得还是很难把握那些风力和风向问题。当他把自己的这一感觉告诉爸爸时，爸爸没有给他讲那些有关风的原理，而是带他一起去放风筝。

在放风筝的过程中，爸爸没有给孩子讲那些大道理，而是不断地告诉孩子如何才能把风筝放得又高又稳。没想到，回到家后，孩子却这样对爸爸说："爸爸，我今天真实地感觉到了风，我知道如何利用风力和风向来放风筝了。"

一二年级孩子的理解能力是有限的，如果家长直接给孩子讲一些不太容易理解的原理或规律，他们很有可能不能很好地理解。而且即使他们当时理解了，由于这些原理和规律在生活中不太常用，他们也会很快忘记。所以，家长这种单纯地讲述大道理的做法，其实就是对孩子好奇心的一种无形打击。

但上述案例中那位家长的做法就很科学，他没有给孩子讲述那些不易理解的原理，而是通过放风筝做实验的方式，让孩子去接触真实的风，并在这种玩的过程中，让孩子自己去摸索和发现有关风的一些知识。在这一过程中，孩子所掌握的知识是牢固的，而且由于孩子在玩的过程中就能巧妙地掌握知识，所以，这在很大程度上激发了孩子的探索欲望和好奇心。

方法二:引导孩子科学用脑——开发孩子的左右脑

孩子的智力开发从某种角度上来讲,就是对孩子左右脑的一种开发。

人们常常习惯于用孩子的学习成绩来衡量他们的智力水平。的确,学习成绩也是孩子智力水平的一个很重要表现。但作为老师,我不得不提醒家长们思考这样一个问题:为什么中国的孩子在很多领域都取得了骄人的成绩,但却一直没能涌现出诺贝尔奖获得者呢?或者这样说,为什么那些诺贝尔奖获得者多是外国人呢?

很多教育学家都提出了这样一种观点:是学校的教育方式让中国的孩子仅仅使用一半的大脑来思考。例如,中国的学校教育一直在这样提倡:

老师一个人讲,孩子们只许听,不许说;

只注重孩子记住了多少知识,而不注重孩子能力的培养;

……

其实,这种教育模式是在扼杀孩子们的右脑。面对在中国的学校教育中走出的孩子,很多教育学家得出了这样一个结论:孩子受教育程度越高,其右脑越闲置!虽然这一观点有些偏激,但它却一眼见血地指出了中国学校教育所存在的问题。

科学家们经过研究发现,人的大脑分为左右两个半球,这两个半球是以完全不同的方式进行思考的,左脑最大的特征在于具有语言中枢,掌管说话、作文、逻辑、判断等;右脑掌管图像、感觉,掌管艺术鉴赏力、想象力、创造力等。

然而,中国的教育却仅仅停留在对孩子左脑的开发上,它只重视孩子在听课时是否表现得乖巧、只重视孩子掌握了多少知识、只注重孩子成绩的好坏,却从来不考虑培养孩子的想象力、创新意识等。

现在,我国的教育界已经意识到了这种教育模式所存在的问题,也正在采取各种措施进行改革,但这种大规模的改革是需要一定时

间的。所以，在很多情况下，培养孩子科学用脑的任务又落在了家长的肩上。

那么，何谓"科学用脑"呢？

其实，"科学用脑"就是指，在教育孩子的过程中，让孩子的左右两脑同时都得到锻炼和发展，使孩子的语言能力、逻辑能力、判断能力，以及想象力、创造力等都得到发展。

那么，对于这些一二年级的孩子来说，家长应该如何引导他们科学用脑呢？

其实，孩子在学校学习的过程就是开发左脑的过程，例如，在学校，老师要求孩子记忆某些知识；出一些推理题、判断题给孩子做……这其实都是在锻炼孩子的左脑。所以，在生活中，家长引导孩子"科学用脑"，实际上主要是引导孩子多用右脑，从而把孩子右脑的潜能激发出来。

一位聪明的家长是这样引导孩子利用右脑的：

每个孩子都喜欢听童话故事，即使已经上了小学一二年级的孩子也不例外。因此，每天睡觉前，这位家长都会给孩子讲一个故事。但与其他家长讲故事不同的是，每当故事讲完后，这位家长会问孩子很多问题。

例如，当讲完《灰姑娘》的故事时，这位家长便会问孩子这些问题：

"如果在午夜12点，灰姑娘没有及时跳上南瓜马车，会有什么情况发生？"

"如果王子发现了灰姑娘脏兮兮的样子，会有什么情况发生？"

"如果你是灰姑娘的后妈，你会阻止灰姑娘去参加舞会吗？"

……

正是由于长久与妈妈讨论故事的细节，所以这个孩子的想象力总是比别的孩子要丰富得多。另外，在编故事和创造力方面，这个孩子也总会给人耳目一新的感觉。

给孩子讲完故事后,然后向孩子提问,其实这位家长是在有意识地锻炼孩子的形象思维能力。人类形象思维的过程,实际上是先由右脑产生形象,再由左脑使其语言化的一个过程。所以,家长有意识地锻炼孩子的形象思维,能够达到活化右脑的目的。

对于这些年龄尚小的孩子来说,童话故事本身就是开发孩子右脑形象思维的最佳办法。如果家长能够在故事讲完之后不断地向孩子提出问题,就会使孩子脑海中浮现出一幅幅的画面和场景,这是对孩子形象思维最好的一种锻炼方式。

另外,在生活中,每个人都有过做梦的经历,其实人的梦境就是在无意识的状态下右脑所描绘的故事。当梦醒后,立刻把做梦的内容写下来或讲给别人听,这就等于再现右脑的形象,很有利于刺激右脑的发展。同时,用语言或文字的方式把梦境表达出来,还是一种协调左右脑的有效方法,对大脑整体的活化会产生积极的作用。所以,为了促使孩子左右脑及智力的发展,每天早晨醒来后,家长可以引导一年级的孩子说出晚上所做的梦,也可以引导二年级的孩子把自己的梦境用文字的方式表达出来。

方法三:动手 VS 智力发展——勤动手,智力好

看到这个题目,很多家长肯定会感到惊奇:动手与孩子智力发展之间有联系吗?

是的,不仅有联系,而且有十分密切的联系。在多年的教学过程中我也发现,那些动手能力强的孩子总会比其他的孩子要聪明。那么,这其中到底有什么科学依据呢?

脑科学家们做过这样一个实验:

通过脑部解剖,脑科学家们发现,一般人的大脑皮层很厚、神经纤维生长又多又密,并且连结成了无比庞大的神经信息网络。但那些很少动手的痴呆症患者的脑部却呈萎缩状态,其大部未能得到正常发育。

通过这个实验，脑科学家们得出了这样一个结论：人的动手能力与大脑的灵活度是成正比的。所以，他们建议家长们要有意识地让孩子动手做一些细活，或做一些力所能及的家务，以促进孩子大脑及智力的发展。因为引导孩子动手，其实就等于让他们做"头脑体操"。

另外，心理学家们经过研究也发现，一个人动手实验和操作，比听和看更能迅速地调动起自己的注意力，很快就能达到智力活动的兴奋状态。在这种情况下，手脑是这样分工合作的：手的活动将外部的信息频频向脑内传达，使脑接收、分类、加工、组合等，然后给手下达命令；当手接触到某些外部信息时，大脑便立刻提取记忆仓库里的有关材料，并指挥手如何动作……这就等于在手脑之间有一条高速公路，信息正在这之间进行着高速的运动。在这种信息高速传递的过程中，孩子的智力自然也会快速发展。

既然手部对孩子的智力发展有如此重要的影响，那么，作为一二年级孩子的家长，我们又如何培养孩子的动手能力呢？

一位幼儿园的老师曾给我讲述过这样一件事情：

为了方便孩子们拿自己的水杯喝水，我在每个孩子杯子的外面都贴上了标签，并写上了孩子们各自的名字。

但就是在这种情况下，每天还是有很多孩子这样请求我的帮助："老师，我口渴了，但我找不到自己的杯子！"每当这时，我都会拿着这个孩子的杯子，指着标签上的名字问他："难道你不认识自己的名字吗？"这时，孩子们大都会淘气或者不好意思地说出自己的心里话："我认识自己的名字，但我不愿意自己去找杯子。"

是的，他们并不是不认识自己的名字，而是不愿意动手自己去找，这是孩子们习惯性懒惰的一种表现。虽然与幼儿园的孩子相比，一二年级的孩子已经算是大孩子了，但他们身上的这种习惯性懒惰并没有随着他们年龄的增长而减少，不仅如此，这些习惯性的懒惰还有增长的趋势。

在与一二年级孩子家长接触的过程中，我常常会听到他们这样抱怨：

"我家孩子是越大越懒了，就算是家里的油瓶倒了，他也不管！"

"就算是客厅沙发上乱成一垃圾站，他也会视而不见！"

……

不仅仅是表现在生活中，孩子们这种习惯性的懒惰也会表现在学习中，例如，孩子应该认真思考一道题、应该改正一个错字……但那种习惯性的懒惰却促使他产生了这样的想法："等等再说吧！""以后再说吧！"……如果家长任凭孩子这种习惯性的懒惰继续发展，这不仅不利于孩子动手能力的发展，而且还会使孩子智力的发展受到很大影响。

所以，家长们要想培养孩子的动手能力，首先要帮助他们克服那种习惯性的懒惰。关于这一点，一位家长是这样做的：

每天早晨起床时，虽然儿子已经醒了，但他总是想多躺一会儿，再多躺一会儿。其实，这种思想和行为就是习惯性懒惰滋生和蔓延的温床，所以，当孩子入学后，我一直这样教育他：想要去做一件事情，就立刻行动。例如：

早晨闹钟一响，就立刻起床；

想要思考一道较难的题目，就把手中其他的学习任务先放一放，立刻思考；

某个字总是写错，就立刻查字典搞清楚它的写法和用法；

……

在这种教育方式下，我家儿子不是习惯了懒惰，而是习惯了立刻行动。

的确，懒惰可以成为孩子的一种习惯，立刻行动也可以成为孩子的一种习惯。所以，当孩子刚刚萌发懒惰的念头时，家长一定要帮他们把这种念头消灭在萌芽之中，这样，孩子才能很快养成立刻行动的好习惯。

另外，对于一二年级的孩子来说，家长引导他们自己动手做一些细活儿，也能促进他们智力的发展。

一位家长这样分享自己的经验：

我家孩子都已经上二年级了，但到了陌生的地方，他还总是迷路。我知道，这与他的智力发展有很大关系。于是，我决定让他自己动手绘制一幅小区的地图。

我有意识地带孩子在小区里来回转，让他掌握小区的结构，另外，在此过程中，我还教会了孩子很多具体的知识，如在一个陌生的地方如何分辨方向、如何目测建筑物之间的比例等。

当孩子把整个小区的地图画好时，我发现他不仅掌握了很多画图的技术，而且有了很强的方位感，这下他再到陌生的地方去，就轻易不会迷路了。

对于一二年级的孩子来说，画地图可算是一件细致活儿。它不仅要求孩子了解所画地区的结构、建筑位置等，还要求他们掌握比例尺寸、坐标方向等画图必备的知识。在一般情况下，如果家长要求孩子学习这些知识，孩子一定会因为这些知识的枯燥而不愿意学习。但如果家长引导孩子通过自己动手画一张地图，在不知不觉中，孩子不仅把这些知识都吸收了，而且还会掌握很多解决实际问题的能力，例如，在陌生的环境里分辨方向、根据方向辨别回家的路等。

所以，由这个案例我们可以得出，让孩子做一些细活，不仅可以使孩子掌握很多知识，而且还可以提升孩子解决问题的能力，从而使孩子的智力也得到发展。因此，当孩子在某些方面存在缺陷时，家长不妨引导孩子做一些细活，从而使他们的这种缺陷得到弥补、智力得到提升。

第二章

做好1-2年级孩子的家长，父母应扮演好自己的角色

一 做一位有"先知"意识的父母

二 做一位心平气和的家长

三 母亲教育——给孩子最科学的爱

四 父亲教育——孩子的性别不同，父亲要扮演不同的角色

孩子上小学了，很多家长都觉得自己对孩子的教育可以放松了。有些家长甚至还为这一观点摆出了充分的理由："知识，孩子在学校可以学到；习惯，老师会教孩子养成；行为、品德，学校也会严格把关……"所以，在这种观念的影响下，很多家长真的开始忽视对孩子的教育了。

作为一名执教多年的教师，我要告诉家长们的是，学校教育与家庭教育是完全不同的两回事，虽然它们之间总会有千丝万缕的联系，但它们是不能互相替代的。

在与家长们接触的过程中，很多家长都曾不停地这样向我抱怨：

"我家孩子简直就是一个小霸王，在家里横行霸道，所有人都必须让着他！"

"我家孩子自私的很，有了好吃的从来都是先想着自己！"

"我家那'小祖宗'太不讲理了，和他讲道理永远也讲不通！"

……

但令我惊奇的是，这些家长不断地抱怨孩子这不好、那不好，但这些孩子在学校表现得却很乖。他们不但很听我的话，而且还时常做些好事，自己的那些好吃的好玩的也愿意跟同学们分享。为什么这些孩子在学校和在家的表现会有如此大的不同呢？

我曾从多个方面思考过这个问题,我知道,对于这些孩子来说,家是最能使他们放松的地方,所以在家里,他们会把他们身上最本质的东西表现出来。例如懒惰、自私、霸道等。但当我从深层次挖掘这种现象出现的原因时,我发现家长的教育对孩子的这种行为有着决定性的影响。

家长们可以这样想一想,很多孩子本是在同一个班级里学习、接受同一个老师的教育,但有的孩子学习成绩很好而且品德很高尚,而有的孩子不但学习成绩不好,还常常做一些小偷小摸的坏事。作为老师我知道,老师们对任何一名学生都是一视同仁的,他们不可能,也没有时间或机会给某个孩子开"小灶"。所以,孩子们的成绩有优劣之分、习惯个性有好坏之分、思想品德有崇高和低俗之分……只能更多地从家庭教育中找原因。

也正是在这种意义上,我们可以得出这样的结论:即使孩子已经在学校接受了正规的教育,家长也不能放松对他们的教育。

每当与一二年级孩子的家长沟通时,我常常会问他们这样一些问题:

"你知道一二年级孩子的心理成长任务吗？"

"你知道他们需要什么吗？"

"你知道他们在成长的过程中会出现哪些问题吗？"

……

每当家长们对这些问题都表现得很茫然时,我就会告诉这些家长:"不了解有关孩子的这些问题,你是做不好父母的。"

的确,如果家长每天只知道照顾孩子的饮食起居,只关心他们的身体成长,而不关注心理成长,或者说,家长根本不了解孩子需要什么。那面对孩子突然出现的那些问题,你很有可能就会手足无措,甚至是手忙脚乱。

举个很简单的例子来说，也许有一天你发现自己钱包里的零钱少了，而你又在孩子的口袋里发现了很多还没有来得及吃掉的泡泡糖，在这种情况下你会怎么办？

相信大多数的家长面对这种情况都会手足无措：批评、责骂孩子，怕伤害他们脆弱的心灵；就当这件事没有发生过，又怕孩子养成偷窃的习惯……但如果家长了解一二年级孩子的心理，了解那些偷窃行为是他们物欲和占有欲发展的一种表现，是由于他们对金钱的不正确认识而引起的。在这种情况下，家长一般都会知道要引导孩子正确认识自己的欲望，要教他们正确认识金钱，这样就能把孩子的偷窃行为扼杀在萌芽状态之中了。

所以，在教育一二年级孩子的过程中，家长要学会扮演很多种角色：

既是"先知者"，能够对孩子的行为做到未卜先知；

又是心理学家，时刻把握孩子心理的变化；

更是慈父慈母，拒绝打骂、侮辱、贬损等粗暴的教育方式，在心平气和的情绪下就能把孩子教育好；

当然，在大多数情况下，家长还要做孩子言行的"老师"，让孩子的言行在不知不觉中就受到正确的熏陶和引导。

一 做一位有"先知"意识的父母

一次开家长会时,一位女生的妈妈讲述了这样一件事情:

我的女儿太自私了。一天,女儿放学回家后对我说:"妈妈,我送你一件礼物?"

"什么礼物呀?"我高兴地问她。

"一块糖,我同学送我的。"

"就一块呀?你留着自己吃吧!"看女儿心中时刻想着我,我很高兴。

"其实同学给了我两块,一块大的,一块小的,大的我忍不住吃了。"

听孩子这样说,我仍然夸奖她说:"不管是大糖还是小糖,你送妈妈礼物就说明你心中有妈妈,妈妈感到很幸福。"

见我没生气还夸奖她,女儿又笑着说:"妈妈,其实我不爱吃这块小糖,它太硬了,我怕把牙硌疼了,所以就送给你了。"

听完这位妈妈的讲述之后,很多家长马上附和道:"这个孩子真是太不像话了,怎么能把自己不喜欢的东西送给妈妈呢?""现在的孩子都这样,他们根本不知道'己所不欲,勿施于人'的道理!"……

案例中这个小女孩的做法确实让妈妈的心里不舒服,但如果我们因此就给她扣上一个"自私"的帽子的话,这对于她来说就太不公平了。

对于一二年级的孩子来说,"己所不欲,勿施于人"的道理虽然不算深奥,但从他们听到这个道理,到"消化""吸收"这个道理需要一个很漫长的过程。也就是说,也许孩子了解这种道理是一种好的品质,但如果让他们把这种道理变成他们自己的一种品质或行为,这是需要时间的。

大多数的家长都批判这个女孩的行为有些自私，但我要告诉家长的是，即使孩子的这种行为算作自私的话，孩子这种自私的行为也是由家长的教育而引起的。

相信大多数的家长对下面这个场景都不会陌生：

孩子拿着一盘草莓在吃，妈妈看到了，便这样对孩子说："让妈妈也吃点吧？"孩子捡了一颗最小的给妈妈，妈妈的表情立刻表现得很生气。孩子看到了妈妈表情的变化，立刻换了一颗又大又红的草莓给妈妈，妈妈马上又高兴地说："真是好孩子！乖，妈妈不吃，你自己吃吧！"没有多久，孩子就把一盘草莓一扫而光了。

大多数的家长都是这样，他们并不是想吃或想要孩子手中的东西，他们仅仅是试探孩子，当孩子把他们手中的东西递给家长时，家长才会满足地说："乖，妈妈（爸爸）不吃，你心里想着我我就满足了。"然而，在这一过程中，我们的孩子学到的却是虚伪。相信家长们都遇到过这样的场景：孩子把手中的物品递给家长，当家长正要去接时，孩子的手却缩了回来。

我们可以说，是家长的教育促使了这种尴尬场景的发生。就拿上述案例中的家长来说，在教育孩子之前，她根本就不了解孩子所处年龄段的特点。对于这些一二年级的孩子来说，随着自我意识的发展，他们也产生了一定的物欲和占有欲，所以，在他们内心深处，他们是不愿意把自己的东西与别人分享的。

在这种情况下，家长最应该做的就是让孩子正确认识自己的欲望。然而案例中这位家长不但没有引导孩子去认识自己的欲望，而且她的做法还使孩子产生了一种错误的思想：只要我假惺惺地装作愿意把自己的物品分享给家长，家长就会满足，他们不会真的要我的物品。所以，我们可以这样说，家长们这种故意试探孩子"爱心"的做法，实际上是在某种程度上激发了孩子的自私欲望。

所以，由此我们也可以得出这样一个结论：家长要想把孩子教育好,首先要了解他们所处年龄段的特点,当然,最重要的是了解他们心理发展的特点。

对于一二年级的孩子来说,他们的心理发展任务主要有以下几点:

1.要完成与家庭的亲密分离。

很多家长都跟我诉说过这样的烦恼:"孩子都上学了,但他特别恋家,怎么这孩子就是长不大呢?"

其实,并不是这些孩子长不大,而是他们没有成功地完成与家庭以及父母的依恋分离。经过多年的研究我发现,这种"恋家"的孩子长大后往往不能很好地融入集体。更可怕的是,这些孩子还常常会被强大的自卑心理所包围。

进入小学之后,孩子要完成的心理任务有很多,其中最重要的一点就是与家庭及家长完成亲密分离,即从对家长的依恋中走出来,开始接纳学校的老师和同学。因此,在这一时期,家长要有意识地让孩子多与他人接触,尤其是与同龄的孩子多接触,以帮助孩子完成与家长的亲密分离。

2.他们的心理正在经历社会化。

孩子在与父母完成亲密分离的同时,他们开始把目光投向世界,他们的心理也正在经历着社会化。在社会化的过程中,这些孩子常常会因为社会认知能力的不足而产生羞耻心。也就是说,从这时候起,孩子会突然怀疑自己、怀疑自己的能力,而且常常会陷入强大的自卑之中。

所以,在一二年级这一阶段,家长要经常寻找机会鼓励孩子,有意识地培养他们的自信心。

3.要正确认识自己的情绪。

从五六岁起,孩子就开始对自己的情绪变化感到好奇。在这种情况下,家长要引导孩子正确认识自己的情绪,并且教他们学会管理自己的情绪。

大多数家长都不喜欢孩子的负面情绪，每当孩子发脾气、哭闹时，总会想尽办法制止孩子的这种情绪。但我要告诉家长们的是，每个人的情绪都是需要发泄的，孩子也不例外。退一步说，如果孩子的这些坏情绪没能及时地发泄出来，它们很有可能就会转化为孩子的心理问题。

因此，当孩子有坏情绪发生时，家长不要让孩子去压抑自己的情绪，而是要告诉孩子正确发泄情绪的方法。

例如，当孩子因为没有得到想要的玩具而乱摔东西时，家长可以这样告诉孩子："我知道你很想要那个玩具，在合适的时候我会给你买。当我得不到我想要的东西时，我也会愤怒，但我不会因为愤怒而摔东西，因为乱摔东西是不对的。"

在这种教育方式下，孩子既懂得了不良情绪是允许存在的，又懂得了如何正确表达自己的情绪。

4.性别意识得到了一定的发展。

进入小学后，孩子的性别意识得到了一定的发展。很多心理学家都表示，这一阶段是孩子性心理发展的潜伏期，因此，在这一阶段，家长绝不能忽视对孩子的性教育。

其实，有资料显示，这一阶段的孩子时常会出现手淫现象，通过抚摸自己的身体，他们能产生快感。当然，大多数的孩子懂得了这一行为属于自己的秘密，他们不会向任何人公开。

当然，在这一阶段，家长也要告诉孩子男孩女孩各自的行为规范，并培养他们的自我保护意识。

其实，当孩子的心理任务没有完成，或他们的心理需求没有得到满足时，他们在行为上就会表现出很多问题，例如自卑、撒谎、敏感等。但如果家长们了解了孩子在这一阶段的心理发展任务，那再面对这些问题时，家长们就会自信、从容的多了。当然，如果家长有意识地引导孩子去完成这些心理任务，那在孩子的成长过程，他们很有可能就不会出现自卑、撒谎、敏感等类似的问题。所以，正是在这种意义上，我们说,要想教育好孩子,家长首先要成为"先知者"。

具体来讲,家长们可以借鉴以下几点方法:

方法一:面对自卑——培养孩子正确的自我认同感

在教学过程中,我发现大多数一二年级的孩子都非常不自信。当然,他们这种不自信与父母的分离有一定的关系、与他们的心理在社会化过程中所经历的挫折也有一定的关系,但更重要的是,他们不能正确地认识自己。也就是说,他们的自我认知是错误的。

我曾接触过这样一个孩子:

这个孩子一直都不自信,说话声音很小,起路时总是低着头。但有一次,我发现这个孩子在昂首挺胸地走路,于是便对她说:"你昂起头来的样子漂亮极了。"听我表扬她,她很不好意思地跑开了。经过她身旁同伴的提醒我才发现她抬起头来走路的原因:今天她穿了一件漂亮的裙子。

确切来讲,孩子们的自我认知大约在两岁时就开始萌芽了,只不过那时的认同是一种模糊的、低级的自我认同。到了幼儿期,孩子的自我认同感逐渐增强,他们已经能够清楚地感觉到父母是否喜欢自己,他人是否喜欢自己。

到了一二年级,虽然孩子的自我认知还在继续发展,但他们这时的自我认同感仍然是很简单的。例如,就拿上述案例中的那个孩子来说,一件漂亮的衣服就能改变他们对自己的看法。当然,他人的语言也会对他们产生很大的影响,例如,他人的鼓励和夸奖会使他们变得很自信;同样,他人的不信任、批评等,也会使他们陷入不自信的深渊。

因此,作为一二年级孩子的家长,我们还有一个重要任务,那就是帮助孩子完成自我认知,帮他们正确认识自己。

当然,也许说到这里,很多家长仍然不知道自我认同具体指什么。其实,所谓正确的自我认同,简单来说,就是让孩子明白什么是自尊、

什么是自信，以及自尊和自信都来自哪些方面。

其实，从孩子刚刚入学时，家长就应该有意识地向他们灌输正确的自我认同感。

一位家长这样分享经验：

开学第一天，因为阴天气温有点低，但女儿非要穿漂亮的裙子去学校。我这样对她说："穿裙子可以，但你能告诉爸爸你穿裙子的原因吗？"

"穿得漂漂亮亮的，老师才会喜欢我。"女儿的声音仍然稚气未脱。

"你怎么知道老师喜欢漂亮的学生？"

"我觉得是这样的。"

"其实并不是这样的，爸爸小的时候，老师是这样告诉我的，他说，每个老师都喜欢穿衣整洁、讲卫生、有礼貌、爱学习的孩子。"看到女儿在怀疑我的话，我继续对她说："你仔细想想，爸爸妈妈、爷爷奶奶，还有邻居的叔叔阿姨都喜欢你，是因为你漂亮吗？还是因为你每天都穿漂亮衣服？都不是，是因为你懂礼貌、有爱心才喜欢你！"

听了我的话，女儿打开窗户试了试外面的温度，然后对我说："那我今天就不穿裙子了。"

如果孩子没有形成正确的自我认同感，他们是很容易自卑的。就像上述案例中这个孩子，如果家长没有对她先前的那种自我认知进行纠正，那她就会一直认为她的自信来自于漂亮的外貌和衣服。如果有一天她没有了漂亮的衣服可穿，她很可能就会在大家面前抬不起头来。这些自我认知不正确的孩子是很容易陷入自卑状态的。

所以，在日常生活中，家长很有必要向孩子灌输正确的自我认同感。例如，就像上述案例中的这种情况，当孩子认为她的自我认同感来自于外貌和漂亮的衣服时，家长应该让孩子明白，漂亮的外貌和漂亮的外表并不一定能赢得别人的喜爱，只有拥有良好的品质，如讲礼貌、有同情心等，才会受到大家的欢迎。如果孩子从小接受的是这种教育，那孩子很快就会明白什么才是真正的自尊和自信，并且还能以自信的姿态快乐成长。

在没有形成正确的自我意识之前,一二年级的孩子是很容易自卑的。当然,引起他们自卑的那些事情很可能就是极小的一件事情,例如自己无意间所犯的一个错误、别人一个不信任的眼神、与小伙伴的一次争吵……所以,在这一阶段,要帮助孩子形成正确的自我认同,家长就要寻找一切机会鼓励他们。

然而,在现实生活中,大多数家长做得都很不到位。例如,当孩子哭着向家长讲述自己的委屈时,家长要么不耐烦地说:"别烦我,我忙着呢!"要么就是不以为然,甚至嘲笑孩子:"就这么点儿小事呀,你至于吗!"……其实,这样只会使孩子的自尊心受到伤害,使他们不能很好地完成自我认同,甚至还会影响孩子的心理健康。所以,作为家长,我们只有拿出足够的耐心来鼓励孩子,孩子才会逐渐自信起来;而不是打击孩子,让孩子变得越来越没有信心。

方法二:面对偷窃——引导孩子正确认识自己的欲望

当孩子进入小学后,尤其是到了二年级,大多数的家长会发现,原来那个单纯的孩子开始说谎话、偷拿别人的东西了。面对这种情况,大多数家长常常会表现得非常惊慌,他们怕孩子会变坏,但他们又不知道该如何去教育孩子。

一位家长曾讲述了这样一件事情:

一次,我发现钱包里少了10元钱,因为这段时间家里只有我和儿子两个人,所以我很轻易地就怀疑上了儿子。儿子放学后,我在他书包里翻出了一袋零食,这更加验证了我的想法。

但令我感到伤心的是,在我的询问下,孩子不但不承认自己的错误,而且还埋怨我:"别的同学的零花钱都比我多,这不公平!"

因为别人的零花钱比他多,所以他就可以理所应当地拿妈妈钱包里的钱。我觉得孩子的这种思维太可怕了,但我又不知道该如何教育他好!

其实，这位家长的讲述反映了一个很重要的问题，她的儿子对金钱还没有正确的认识。对于一二年级的孩子来说，他们已经了解了钱的用途，他们很喜欢钱，并且他们开始想一些办法来拥有钱。例如，从家长那里获得的零花钱、帮助家长做家务挣的钱，当然，还包括在未经家长允许的情况下从家长钱包里"拿"的钱……每有这种情况发生时，很多家长都会表现得很惊慌，怕孩子由此而变坏。

我们每个人都有一定的欲望，在某种意义上我们可以这样说，欲望是人成长的动力，例如，有了欲望我们才会去努力。对于孩子来说也是如此，他们只是不能正确地认识自己的欲望。

所以，当家长发现孩子偷拿家里的钱去买自己喜欢的东西时，没有必要惊慌，也没有必要手忙脚乱。其实，在这种情况下，家长最重要的是要让孩子正确认识自己的欲望。

一位家长这样分享经验：

孩子上一年级的时候，他偷偷从我的钱包里拿了 10 元钱去买水彩笔。当我发现后，我没有批评、责骂他，而是这样对他说："爸爸知道你很想得到一盒水彩笔，但是不是可以通过别的方式来拥有它呢？例如，你可以把爸爸妈妈给你的零花钱攒着不花，两个星期后你就可以买到水彩笔了。"

"可是这样等的时间太长了。"孩子不满意地回应道。

"但每个人都应该学会等待呀，比如说，爸爸一直想拥有一台笔记本电脑，妈妈一直想买一辆电动车，但爸爸妈妈也是要等到钱攒够了才可以买呀。如果爸爸妈妈等不及了，然后偷拿别人的钱把这些喜欢的东西买回来了，我们是会被警察叔叔抓走的。"我耐心地给孩子解释道。

一二年级孩子的心理是非常脆弱的，如果家长不给他们解释清楚，他们就会认为只有他们有欲望，别人没有，在这种情况下，他们很容易就会把自己归入坏人的行列。由此，也许他们真的就会自暴自弃，从而沦为真正的小偷。

上述案例中这位家长的做法就非常科学,他用自己以及妻子的欲望举例给孩子分析,这不但很容易就会被孩子接受,而且还向孩子传达了这样一个道理:每个人都是有欲望的,只要肯等待,每个人的欲望都是会得到满足的。

当然,除了等待之外,家长还可以给孩子制订一定的计划,来帮助他们得到他们想要的物品。例如,还是拿上述案例中的情况来说,如果孩子想得到一盒价格为 10 元的水彩笔,家长可以这样为他们提供几种计划。例如,家长可以这样对他们说:

你每周的零花钱是 10 元,如果你每周只花 5 元钱,那两周之后就可以省下 10 元钱了,就可以得到那盒水彩笔了;

如果你不想动用零花钱,你也可以通过做家务来挣钱,洗一次碗 5 角,扫一次地 2 角,这样,不用两周,你就可以拥有那盒水彩笔了;

……

当孩子能够正确认识自己的欲望,又知道如何通过正当的渠道来满足自己的欲望时,在这种情况下,孩子一般就不会再偷拿家长的钱了。

方法三:面对敏感——给孩子创造充满安全感的家庭环境

一位家长曾这样讲述发生在自己女儿身上的那些事情:

女儿今年读小学二年级,但她在家里和在外面就像是截然不同的两个人。在家庭之外的环境里,女儿很乖巧、很懂事,邻居们都喜欢她。但在家里,她稍微不顺心就大发脾气,简单就像一个"野蛮小公主"。

孩子在家中和在外面判若两人,这也许是一二年级孩子家长最常遇到的问题。从某种程度上来讲,这是孩子心理成长的一种表现。因为在孩子入学之前,他们并没有接触过社会原则,但孩子入学之后,情况就大不相同了。在学校里,老师是绝对的权威,孩子必须学习规则,学习与人交往的技术,学习人际沟通的方法。

但在家庭中,虽然爸爸妈妈也可以算作是一种权威,但由于没有

具体的规则，所以孩子常常会处于最放松的状态中。在这种状态中，孩子的一些情绪往往会不受任何约束地就表现出来。所以，上述案例中那个小女孩的表现是很正常的，她的表现说明了她所掌握的社会原则在不断增加。

孩子所掌握的社会原则越来越多，我们成人就会说他们长大了、成熟了，但对于一二年级的孩子来说，如果他们对人际关系过于敏感，这是不是好现象呢？

其实，作为与孩子们接触多年的老师，我知道，如果孩子对人际关系过于敏感，这往往表明了这样一个问题：孩子在家中不能获得足够的安全感。

我曾接触过这样一个孩子：

这个孩子非常敏感，每当我的情绪变化时，她都会表现得很紧张，而且总是拐弯抹角地问我情绪变化的原因。

后来，了解了这个孩子的家庭情况，我才知道这个孩子敏感的真正原因。原来，这个孩子的父母关系一直都不好，总会因为一点小事而吵架。因此，每当父母表现出有一点不高兴时，她就会急着去讨好父母。

也许在家长的眼中，案例中的这个孩子非常懂事，在家中的表现也非常好。但我要告诉家长们的是，如果孩子对人际关系过于敏感，在家中还努力地讨家长欢心，那这个世界对于孩子来说就没有安全感可言了。在这种状态中成长起来的孩子是很容易出现心理问题的。

而事实也证明了这一点，上述案例中这个孩子的性格非常敏感。在某种意义上来说，这种过度的敏感就是心理不健康的一种表现。而这个孩子之所以会表现得如此敏感，她的家长要负大部分责任。

所以，每次开家长会时，我都会向家长们灌输这样的观念：家庭是孩子心理健康成长的摇篮，为了孩子的健康成长，每位家长都应该为孩子营造一种和谐的家庭氛围。

读到这里，也许有家长会这样说："在家庭关系比较和谐的家庭中,孩子的性格也有非常敏感的。"

的确,我并不否认这种情况的存在。孩子性格的形成是受很多因素影响的,如遗传基因、家长的教育等,和谐的家庭关系在极大程度上可以防止孩子的性格向敏感方向发展。但对于那种天生性格有敏感倾向的孩子,家长更要努力为他们创造充满安全感的成长环境。

一位家长这样分享自己的教子经验:

我的儿子天生就有些敏感,每当我因工作而感到疲劳和厌烦时,他总会觉得自己做错了什么,总是想努力表现自己让我开心。每当这时,我就会这样对他说:"妈妈工作有点累,所以心情有点不好,你这样懂事和听话,让妈妈感觉好多了。"

在家庭生活中,我一直向孩子传达这样一种观念:在很多时候,他人情绪的变化与你并没有关系,但你的良好表现会使他的不好情绪得到缓解。

令我感到欣慰的是,孩子仍然像以前那样懂事,但他的性格并不像以前那样敏感了。

这位家长的教育方法很科学。一般来讲,敏感的孩子总是不能正确地认识他人的情绪和管理自己的情绪。就像案例中的这个孩子,每当家长表现出不好的情绪时,他都会觉得与自己有关,并且还会因此而产生愧疚的情绪。但案例中的这位家长一直在向孩子传达这样的观念:别人的不良情绪与你无关,但你的表现让别人的不良情绪得到了缓解。这样的信息对于性格比较敏感的孩子是很重要的。长久受这种有益信息的影响,在这一过程中,孩子的性格也会逐渐变得不那么敏感了。

方法四:针对孩子性别意识的发展——向孩子灌输正确的性别意识

随着孩子性别意识的发展,大多数家长都懂得对孩子进行性教育的重要性。但对于一二年级的孩子来说,家长应该如何把握对他们进行性教育的尺度呢?对于这一问题,很多家长仍然很迷茫。

一位家长曾这样对我说过：

从孩子小时候起，我们夫妻就一直与孩子同浴，现在孩子已经读一年级了，我们一直都在坚持以前的做法。我觉得这是用最好的方式对孩子进行最健康的性教育。

在此，我们先不讨论这位家长的做法是否科学，我们先来了解孩子性意识发展的历程。

在孩子很小的时候，大多数的家长都会选择与孩子一起洗澡，在帮助孩子洗澡的同时自己也洗了澡。这对孩子的身心发展不会有什么影响，而且在这个过程中，孩子还会了解到儿童与成人、男人和女人身体结构的不同，并且他们会把这些不同看成是自然而然的事情。

但当孩子有了明显的性别意识之后，家长再与孩子一起洗澡，他们就会感觉害羞、紧张，内心总是不能平静。其实原因很简单，大多数孩子小时候的记忆都会忘掉，或者说在意识中潜伏下来。但当孩子有了性别意识之后，再接触类似的信息，孩子之前的那些记忆和意识就会被唤醒。由于这个年龄段的孩子本身就已经对性好奇了，所以这些大量的信息会使他们害羞、紧张。

另外，当孩子到了小学阶段，如果家长还和孩子一起洗澡，还会影响孩子性别意识的正常发展。因为孩子的性别意识不仅仅包括对身体性别的认识，还包括心理性别的发展。我们都知道，孩子在一二年级这一阶段，大多数孩子更喜欢与同性的小伙伴在一起玩，其实这反映的是孩子性心理发展的一种需求，他们需要单一的成长环境。如果在这一时期，家长与孩子同浴，这会妨碍孩子正常性别意识的发展。这会使孩子很难明白男女之间的忌讳和界线，使孩子很难形成正常的性别心态和合适的性别行为。

所以，我要告诉家长们的是，当孩子上了小学之后，就不要和孩子一起洗澡了。

那么，作为一二年级的家长，我们应该如何对孩子进行正确的性教育呢?

我们都知道,少儿期是孩子性心理发展的潜伏期,在这一时期,孩子对性不太关注,但这并不表示家长可以放弃对孩子进行性教育。对于这些刚刚入学不久的孩子来说,家长最主要的任务就是:培养孩子的自我保护意识。

一二年级的孩子虽然懂事了,但他们的思想仍然还处于幼稚状态,因此,很多用心不良的人常常会把目光盯在这些单纯的孩子,尤其是女孩子身上。因此,在平时的教育中,家长一定要培养孩子的自我保护意识。

一位家长是这样做的:

为了让女儿学会保护自己,从孩子读一年级开始,我就用规则的形式告诉女儿如何保护自己。我为女儿制订的规则如下:

1.下课上厕所时,要和同学一起去。

2.好朋友不会让你脱衣服的,所以,不管谁以什么理由让你脱衣服,都不要相信他们。

3.如果有叔叔让你坐在他的腿上,并且很长时间不让你下来,你一定要把这种情况告诉家长。

4.当有陌生人约你做游戏,或带你去某地玩时,都不要相信他们。

……

其实,家长在培养孩子自我保护意识的同时,也等于在向孩子传达正确的性别观念。相信在家长这些规则的引导和约束下,孩子就不会轻易上坏人的当了。

● 一 做一位心平气和的家长

每个家庭都会因为孩子的入学而变得忙碌起来。在孩子入学之前，早晨家长还可以睡睡懒觉，但孩子入学之后，家长（尤其是妈妈）不仅要早早起床为孩子准备早餐，而且还要不停地催孩子早点起床；晚上，家长也不能再像以前那样悠闲地看电视了，而是要一边监督孩子写作业，一边时刻想着该如何说服孩子早点上床睡觉……

在生活中，细心的家长会发现，家庭的氛围不仅因为孩子的入学而变得紧张而忙碌，而且还常常会夹杂着"火药味"。生活中，我们常常会听到愤怒的家长冲孩子大吼道："你到底什么时候去学习？"偶尔还会看到家长气急败坏地一边"教训"孩子，一边说："你再犯这样的错误，我就把你的屁股打成三半！"……

但在与家长们接触的过程中，很多家长也常常这样说："我知道打骂对孩子的成长是非常不利的。我不想对他大嚷大叫，也不想动用'暴力'，但我当时已被孩子气昏头了……"

当然，很多家长也曾这样问过我："如何既能让自己不生气，又能使孩子合作呢？"

"既能让自己不生气，又能使孩子合作"，相信这个问题的答案所有的家长都想知道。其实，在我教学的过程中，我也一直被这个问题困扰，看到孩子们那些调皮捣乱、不合作的行为，有时我也会火冒三丈。但后来我发现，虽然我的发火行为能够赢得孩子们的合作，但他们的合作行为只是暂时的，而且，如果我的发火行为用得过于频繁，这些孩子就不拿我的发火当回事了。

在多年的教学过程中，我还发现了这样一种现象：当我用心平气和的态度对待孩子时，他们的行为就会逐渐向与我合作的方向发展。

一次，我让二年级的一个孩子到黑板上来听写生字。我听写了十个生字，他只写出三个，而且有两个还是错误的。但这个孩子并没有为自己的表现而感到羞耻，相反，他还向讲台下的同学们做鬼脸。

看到这个孩子的这种表现，我真有好好批评他一番的冲动。但我控制住了自己的怒气，然后对这个孩子说："有一个字写对了，这说明你上课认真听讲了；但还有几个字没写出来，这说明你课下没有认真复习。课下再下点儿工夫，你并不比别人差！"

这是一个很调皮的学生，没想到从那之后，这个孩子老实多了，听他的家长说，他课下真的知道认真学习了！

有过多次这样的经历后，我总结出了这样一个经验：发怒只会使自己在孩子们面前失去权威，而用心平气和的态度对待孩子们，他们反而越来越合作。

因此，在教学的过程中，我给自己订了这样一个目标：每天都要做心平气和的老师。当然，与此同时，在与家长们沟通时，我一直也在向家长们传达这样一个观念：做一位心平气和的家长。

读到这里，很多家长也许会提出这样的反对意见："我们冲孩子大嚷大叫他们都不肯合作，如果我们用心平气和的态度对待他们，这会不会使我们失去权威呀？"

在教学的过程中，我曾问过不同年龄段的孩子同样一个问题："在你们心目中，什么样的家长是最有权威的？"

结果，孩子们给出了我五花八门的答案。

年龄较小的孩子们这样对我说：

"会关心人的家长是最有权威的！"

"会讲故事的家长是最有权威的！"

"会陪自己一起玩的家长是最有权威的！"

......

年龄较大的孩子们这样对我说：

"说话算话的家长是最有权威的！"

"能理解孩子的家长是最有权威的！"

......

我知道，这些孩子所给出的答案都是他们的心里话，从这些答案中我们也可以看出，不管哪个年龄段的孩子，他们都希望自己的家长是关心自己、理解自己的。而家长冲孩子大嚷大叫，动不动就对孩子使用"武力"，恰恰就是不理解孩子的一种表现。

也正是在这种意义上我们说，家长用心平气和的态度对待孩子，不仅不会使自己的权威消失，相反，这还能帮助家长树立权威。

我们知道，不管是对于孩子的整个人生，还是孩子的整个学习生涯，一二年级都是关键期。所以，在这一关键期，家长对待孩子的态度也会影响孩子的一生。如果家长总是冲孩子大嚷大叫、动不动就打骂孩子，那也许孩子一直都生活在对家长的反感和反抗之中；但如果家长从一开始就是一位心平气和的家长，那孩子就会在对家长的崇拜和敬佩中快乐成长。

所以，如果你家中有一二年级的学童，你不妨从现在开始，就努力做一位心平气和的家长。具体来讲，你可以从以下几个方面来努力：

方法一：从改变自己的观念开始

一位家长曾这样对我说："我曾多次劝自己，别总对孩子发脾气，这样对孩子成长不利。但每当孩子不与我合作时，或看到孩子身上的坏毛病时，我的气就不打一处来，就会忍不住要向他发脾气。我觉得我根本就没有办法控制住自己的怒气！"

是的，很多家长都向我反映过这个问题。在多年的教学和研究中，我曾就很多具体的教育案例来分析过这种现象。我发现，家长们之所以不能控制自己的怒气，与两个方面有很大的关系：一是对孩子的期望太高；二是不能从正确的角度看待孩子。

在与家长们接触的过程中，我曾见过很多这种类型的家长：他们对孩子的期望很高，今天孩子在班级中的成绩还是最后一名，但家长却一直期待明天孩子能成为第一名；今天孩子的身上还有很多坏习惯，但家长却希望孩子的这些坏习惯能在一夜之间都消失……

每位家长都希望自己的孩子尽快成才，但如果家长对孩子的期望太高脱离了现实，不仅会给孩子造成很大的压力，而且还会使家长自己陷入易怒的状态。

所以，要想使自己能够心平气和地面对孩子，家长首先应该矫正自己对孩子的期望。一位家长这样总结自己对孩子的期望：

不要求成绩太高，但一定要拥有良好的学习习惯；

不要求名次太靠前，但一定要用科学的学习方法学习；

不要求总能赢得老师的奖励，但一定要踏踏实实做人，循序渐进地养成好习惯、好品质；

……

事实也证明了，这位家长对孩子的期望很科学，这个孩子在快乐地进步和成长。而在这一过程中，这位家长从来没有责骂过孩子，也从来没有打过孩子，因为家长对孩子这种科学的期待，为自己的心平气和打下了基础。

读到这里，很多家长也许会说："我对孩子的期望也不高呀，但为什么我还总是控制不住自己的怒气呢？"是的，你对孩子的期望不高，但你看待孩子的观念是否正确呢？

我曾亲眼看到过这样的教育场景：

一位家长给孩子出了 10 道数学题，孩子做对了 8 道，做错了 2 道，结果，这位家长就一脸不高兴地批评孩子说："今天刚学过的内容你就做错 2 道，你到底有没有认真听课呀？"

听到家长的批评，孩子立刻"蔫"了下来。

的确，大多数的家长都有这样一个习惯，孩子身上的优点，他们常常视而不见，但却总是盯着孩子身上的缺点不放。就像上述案例中的这种情况，家长对孩子做对的那8道题视而不见，却在孩子做错的那2道题上做文章。

读到这里，也许有些家长会这样为自己反驳："我总是盯着孩子的缺点看，是为孩子好，是为了帮助他们改掉缺点！"但家长的这种做法对改掉孩子的缺点是否有帮助？

我们来听听孩子们自己的心声：

"我觉得妈妈总是故意挑我的毛病，所以我就故意不把事情做好，与她作对！"

"爸爸总是打击我，打击得我一点儿信心都没有了！"

……

我们可以这样想一想，当我们得到他人的欣赏时，我们的情绪是不是处于一种激动和积极的状态？但当我们受到他人的挑剔和指责时，我们的情绪是不是就会一落千丈，从此对任何事情都提不起兴趣？作为成人的我们尚且如此，就更不用说这些正在成长的孩子了！

由此我们也可以总结出这样一个结论：家长看待孩子的态度，在某种程度上往往决定着孩子的行为。例如，如果家长总是去挖掘孩子的优点，那孩子就会非常愿意与家长合作；但如果家长总是盯着孩子的缺点看，那孩子要么会对家长失去信心，要么总是会与家长做对。

那么，作为家长，我们如何做，才算是从正确的角度去看待孩子呢？

每当家长们这样问我时，我都会这样回答他们：关注孩子的优点，把孩子置于一种鼓励的环境之中。当然，即使是面对孩子的缺点，也要用优点去鼓励孩子去改正缺点。

一位家长是这样做的：

一年级的第一次测验结果公布后，因为成绩太差，王萌说什么也不肯再去上学了。但王萌妈妈没有冲孩子大发脾气或是"动粗",而是耐心地这样引导他:"妈妈知道你对自己的成绩很不满意,但一次成绩并不代表什么的。"

王萌并不为妈妈的话所动,仍然坚持自己的观点:"反正我不去上学了,我这么笨,怎么学也学不会!"

看到儿子这样自卑,妈妈表情严肃地说:"萌萌,你真的认为自己很笨吗?如果你要是笨,那你在幼儿园时怎么能拿到那么多奖品和奖状呢?还有,小学的数学老师不是还夸你聪明呢吗?"

"但我语文总学不好!"

"语文学不好可以找新的方法再去学呀,你怎么能因为语文成绩不好就把自己的所有优点都否定了呢?"

听了妈妈的这些话,王萌好像有所醒悟似的使劲点了点头。

刚刚上学没有多久,孩子就闹着不想去上学了,在这种情况下,相信每一位家长都会忍不住动怒。在怒气的影响下,家长那些伤害孩子的话肯定又会脱口而出:"真没出息!""因为一次成绩没考好就不去上学了吗?""你将来绝对成不了大事!"……家长们可以想象一下,在这种情况下,孩子会有什么样的反应?他会心服口服地与家长合作吗?

每个人都有一颗渴望完美的心,但如果孩子经常受到打击,他还会渴望完美吗?

在与孩子们接触的过程中我发现,那些经常受到家长打击的孩子很容易就会产生自暴自弃的念头。也就是说,如果家长因为孩子的一个缺点,就把孩子的所有缺点都"抖"出来,那孩子就会真的认为自己笨、认为自己成不了大事。

其实每个孩子都是这样的,当家长给予他们的是鼓励而不是打击,他们那种渴望完美的本质就会被最大程度地激发出来。在这种情况下,他们认为自己是非常优秀的,为了使自己更加完美,他们会主动改正自己身上的那些缺点。

所以，要想成为心平气和的家长，你首先应该学会去发现孩子身上的优点。"放大孩子身上的优点，用优点去鼓励孩子改掉缺点"，这是心平气和的家长鼓励孩子的最有效措施。

方法二：为孩子的错误而感到庆幸

一位家长曾这样对我说过："要是孩子们都不犯错误，那我们家长就不会这样累了。"但我告诉这位家长的却是："如果孩子不犯错误，那孩子就不会很快成长。"

在与家长们接触的过程中我发现，大多数的家长之所以常常会对孩子"动怒"，很多情况下是因为孩子们所犯的错误。

我们都知道，在任何一个孩子的成长过程中，犯错误都是不可避免的，尤其是这些刚刚踏入人生和学习生涯的一二年级孩子们。如果家长总是视孩子的错误为自己的教育负担，那家长和孩子很容易就会陷入这样一个恶性循环中：孩子犯错误→家长发脾气→孩子不合作→家长发脾气。

由此我们也可以看出，家长粗暴的教育方式不仅不会达到教育孩子的目的，而且还有可能促使孩子越来越不愿意与家长合作。

其实，从更深层次来分析，家长的坏脾气对于孩子心理的发展也是非常有害的。我们都知道，犯了错误后，因为害怕和不知所措，孩子本身就会产生压力，如果这时家长再用坏脾气来对待孩子，孩子内心的压力就会不断增加，在这种情况下，孩子很容易就会产生失望和失败的感觉。在这种消极感觉的影响下，孩子的性格也很容易变得自卑、消极起来。

所以，由此我们不难看出，做一位心平气和的家长对于孩子的成长来说有多么重要。当然，对于那些容易发脾气的家长们来说，要想成为心平气和的家长，你首先要能够正确看待孩子所犯的错误。

每当有家长向我请教不发脾气的"秘诀"时，我都会这样告诉他们:把"犯错误"看成是孩子"学习的机会"。

一位家长是这样做的:

一天,儿子垂头丧气地拿着成绩单回到了家。看到他那极差的成绩,我感觉自己体内的怒气在上升,但看到儿子那沮丧的表情,我改变了主意。

我用平和的语气对儿子说:"这次成绩没考好并不一定是坏事,而且说不定还能变成好事。"

"好事?"儿子对我的话感到非常吃惊。我这样对他说:"只有考得不好,你才知道自己哪方面的知识掌握得不牢固呀!来,我们来做这样一个游戏。如果你能把试卷上的那些做错的题目都改正过来,妈妈就让你品尝到得高分的快乐。"

儿子对这个"游戏"很感兴趣,在他的努力下,试卷上的那些错题大部分都改正过来了。于是,根据儿子这次的实际得分,我把他试卷上的分数改成了 96 分。

儿子从来没有得到这么高的分数,他高兴地跳了起来,并自信地对我说:"妈妈,我知道自己哪方面的知识掌握得不牢固了。你放心吧,下次我一定能考出这样的好成绩!"

作为老师我知道,对于大多数的家长而言,"考试成绩不好"是孩子所犯的最大错误。面对孩子的这个"错误",家长们要么大发脾气,要么施展"暴力"……总之,他们总是不能以心平气和的态度对待孩子的这个错误。

然而,对于一二年级的孩子来说,他们又能从家长的这种教育中得到什么呢?作为老师,我要告诉家长们的是,孩子们得到的仅仅是对分数的盲目崇拜,对学习的更加厌倦。

但案例中这位家长的做法就十分科学,孩子成绩没有考好,她没有埋怨孩子,也没有批评孩子,而是引导孩子用游戏的方式去寻找自己掌握知识的薄弱点。这说明她懂得把错误看做孩子成长的一种方式。这样,孩子既不会陷入坏成绩带来的沮丧情绪中不能自拔,又意外

找到了提高成绩的有效途径。

每次开家长会时，我都会向家长们传达这样的教育理念：孩子所犯的错误不但不是我们的教育负担，相反，它还是孩子迅速成长的一种方式。就拿上述案例中的孩子来说，如果家长每次都因为孩子成绩不好而批评孩子，孩子会了解考试的目的吗？他会心甘情愿地去寻找自己知识的薄弱点吗？

读到这里，肯定有家长会提出这样的反对意见："工作一天了，人的神经都处于紧绷状态，在这种情况下面对孩子的错误，又怎么能做到心平气和呢？"

针对这个问题，一位家长分享了这样一个有效的方法：

不管工作多么劳累，也不管在工作中遇到了多么不开心的事情，我每天下班之后所做的第一件事就是——对着镜子微笑上半分钟。一开始，丈夫对我的这个行为很不理解，但后来在我的说服下，他也试着这样做了。结果，从那之后，我们夫妻之间发生矛盾的几率大大减少了，面对孩子的那些错误也从容、平静多了。也正因如此，回到家后对着镜子笑上半分钟，也就成了我们做心平气和父母的一个"秘诀"。

这位家长的做法非常科学，她懂得用正确的方法去调节自己的情绪，以使自己能够用正确的态度去教育孩子。作为家长我们一定也深有体会，当我们的神经处于紧绷状态时，面对孩子的错误，我们的坏脾气常常是一触即发，而心理学家经过研究发现，微笑可以在某种程度上缓解人的疲劳，使人的情绪变得平和。教育学家也指出，经常微笑的家长更具亲和力。所以，我们可以这样说，微笑不仅是家长调节自己情绪的一种手段，而且还是家长与孩子实现有效沟通的"敲门砖"。

我们知道，由于年龄较小，一二年级的孩子是经常会犯错误的。所以，为了使自己能够用心平气和的态度去面对孩子的错误，我们不妨学习一下上述案例中家长的做法：每当感觉自己有负面情绪产生时，先对着镜子微笑半分钟，然后再去面对孩子的错误。

方法三:让孩子因为家长的教育而拥有一种积极的思维

对于一二年级的孩子来说,何谓积极的思维?

每当家长们问我这个问题时,我都会这样回答:"当你的孩子遇到困难时,他是消极地抱怨,还是积极地想办法去解决困难? 其实,这体现的就是孩子消极思维与积极思维的区别。"

读到这里,肯定会有家长说:"一二年级的孩子还不太懂事,他们怎么会知道什么是积极,什么是消极呢? "

是的, 也许这些一二年级孩子的头脑中并没有积极和消极的意识,但他们的思维模式早已体现出了积极和消极的区别。还是举这样一个例子,面对不理想的成绩,有些孩子不停地抱怨,抱怨老师,抱怨环境;但有些孩子却一直都在寻找自己失误的原因。这就是积极思维与消极思维最明显的区别。

我们都知道,一二年级是孩子思维模式的初步形成期。也就是说,如果在一二年级这一阶段,孩子能够拥有积极的思维,那积极的思维很有可能就会成为孩子一生的思维习惯。同样的道理,如果在一二年级这一阶段,孩子拥有的是消极的思维,那这种消极的思维也有可能会伴随孩子一生。

读到这里, 肯定有家长会问:"是什么决定了孩子思维模式的形成呢? "

作为从教多年的教师,我要告诉家长们的是,你的思维模式在很大程度上决定着孩子的思维模式。

一位家长曾讲述过这样一件事情:

有段时间,我的心情异常烦躁,遇到不顺心的事情时,我不是抱怨,就是大发脾气。但一次偶然的机会却使我下定决心要调整自己的情绪和思维。

那是一个傍晚,我和丈夫带 6 岁的女儿去小公园里玩。由于走路

不小心，女儿绊倒在地上，结果女儿站起来后，一边对那个台阶连踢带踹，一边对那个台阶大喊道："你个臭台阶，都怪你！我踹死你，看你以后还敢不敢绊我！"

丈夫看着女儿那凶凶的样子，开玩笑地小声对我说："看，女儿就像你的'翻版'，连思维模式都一样，明明是自己不小心，还怪台阶。"

丈夫的话点醒了我，我知道是我在无意识中把那种消极的思维模式传达给了女儿。所以，从那一刻起我决定改变自己的思维，让自己变得积极起来。

我们都知道，六七岁左右的孩子是非常喜欢模仿别人的，确切来说，他们是通过模仿来认识周围世界的。作为与孩子相处机会最多的人，家长成了孩子最主要的模仿对象。当然，孩子不仅仅会模仿家长的行为，还会在不知不觉中把家长的思维方式也套用在自己身上。

上述案例中那位妈妈的做法非常明智，意识到自己的思维模式对孩子产生了不良影响，她马上下定决心去改变自己的思维模式。所以，作为家长，如果我们发现自己身上也存在这一问题，为了孩子的成长，我们不妨也向这位家长学习——放弃抱怨、放弃坏脾气，从现在开始改变自己。

说到改变自己，一位家长曾这样对我说过："我最怕遇到孩子的坏情绪，遇到他的坏情绪我就会产生消极思维，这时我之前所做的那些努力都会功亏一篑。"

的确，大多数家长都怕遇到孩子的坏情绪，因为孩子的坏情绪很容易就会把家长的那些消极思维都激发出来。但聪明的家长不但不会受孩子坏情绪的影响，而且还善于利用积极的思维去帮助孩子祛除那些坏情绪。

一位家长是这样做的：

每当看到孩子疲劳或不开心时，我就会笑着对孩子说："休息一下，让你的大脑也吸吸氧吧！"然后，我要么给孩子读个笑话，要么陪孩子一起做一做运动。

每当这时，孩子的大脑就像真的吸过氧一样，忽然变得积极和灵活起来，当然，孩子的情绪忽然也会好很多。随着年龄的增长，这种使思维保持积极的方式很快就被孩子学会了。每当遇到困难，或出现错误时，孩子都会这样对自己说："我的大脑该吸氧了！"然后通过做运动等方式使自己冷静下来。

这位家长的做法是有科学依据的。科学家经过研究发现，当人们处于坏情绪的状态时，体内就会产生一种有害的压力化学物质，这种化学物质常常会使人的大脑处于缺氧状态。

但当人"哈哈"大笑，或者做运动时，体内的那种压力化学物质就会得到缓解，而且还能增加大脑的供氧量。所以，在这种情况下，孩子很容易产生积极的思维。

所以，每当孩子出现坏情绪的苗头时，家长们不妨学习一下案例中那位家长的做法：给孩子讲个笑话，或带孩子去做做运动，帮孩子的大脑也吸吸氧，以促使他们产生积极的思维。

作为一二年级的家长，你肯定会有这样的经历：当孩子的行为不符合我们的意愿时，那些消极的语言常常会脱口而出。如果在你教育孩子的过程中，这种情况时有发生，你还可以采用改变自己语言的方式来促使孩子产生积极的思维。例如：

※把"你再不去写作业，我就把电视机砸烂！"变成"我们来看一看，现在到了写作业的时间了，快去写作业吧！"

※把"我跟你说了多少遍，要保持客厅卫生，你怎么就是不肯与我合作呢！"变成"让我们一起把客厅收拾干净吧！"

※把"闭嘴，别人讲话的时候不要插嘴！"变成"让我们来分析一下，一个懂礼貌的孩子应该在什么情况下发表自己的意见！"

三 母亲教育——给孩子最科学的爱

在与孩子们相处的过程中，我常常会听到他们这样评价自己的爸爸妈妈：

"我喜欢妈妈，因为妈妈总是那么贴心，总是那么无微不至地照顾我！"

"我要以爸爸为榜样，因为他总是那样幽默，而且我觉得他是一个伟大的'万能人'！"

……

是的，在大多数孩子的心目中，爸爸和妈妈的形象都是完全不同的：妈妈是慈爱、温柔的象征，而爸爸则是严厉、强大的象征。母亲教育能够让孩子变得更加细腻、更加有爱心，而父亲教育却能让孩子学会坚强、充满力量。

在多年的教育学过程中我发现，那些从小缺少母亲教育的孩子常常会被不安全感包围，而那些从小缺少父亲教育的孩子常常会莫名其妙地陷入自卑情绪之中。所以，正是在这种意义上我们说，母亲教育与父亲教育完全不同，它们不能互相替代，它们都是孩子成长过程中不可或缺的一部分。

因此，在接下来的章节里，我们将分别对母亲教育和父亲教育做详细的论述。

提到母亲教育，很多母亲常常这样向我抱怨：

"我家孩子真奇怪，我每天无微不至地照顾他，他却跟他爸爸是一条心。"

"我家女儿一点儿也不怕我,但在他爸面前却一点儿也不敢顽皮。"

"每当儿子不想完成任务时,他都会软磨硬泡地想让我妥协,但只要他爸瞪他一眼,他就会乖乖地去完成任务。"

……

是的,细心的家长都会发现,在我们周围,大多数的家庭都存在这样的现象:孩子怕父亲不怕母亲。很多母亲常常会因此而感到烦恼,她们觉得自己在孩子面前没有权威。其实,在很多情况下,母亲并不是在孩子面前没有权威,而是她们的爱让孩子迷失了方向。

一个一年级的孩子曾对同伴这样说过:

我希望爸爸天天加班或者出差,这样我就可以做任何我想做的事情了。如果我不想写作业了,只要我对着妈妈哭会儿、闹会儿,她就会答应我的请求;虽然我的规定上写着九点半准时睡觉,但如果我对妈妈说:"你要是不让我再玩会儿,我明天就不去上学了。"妈妈就不敢再提规定的事了,这样我就可以玩到十点或十点半了。

我曾这样提醒过这个孩子的母亲:"要坚持原则,要严格按着规定所说的去做,不然孩子很可能就会无法无天了。"但这位母亲却这样对我说:"哪个做母亲的不心疼自己的孩子,只要看到他一哭,我就心软……"

由此我们不难看出,这位母亲之所以会在孩子面前失去权威,最主要的原因就是,她总是在爱的名义下无原则地向孩子的无理要求妥协。但母亲这种无原则的爱是真正的爱孩子吗?

作为与孩子们接触多年的老师,我可以明确告诉家长们,答案是否定的。相信大多数家长都听过这样一个故事:

在刑场上,一个即将被处死的犯人提出了这样一个要求:在临死之前希望能够在母亲的怀里再吃一口母乳。但当法官和母亲答应了他的要求后,他却残忍地把母亲的乳头咬下,并且还恶狠狠地对痛苦的母亲说:"如果小时候你对我严厉一点,我也不会落得今天这种下场!"

如果一个孩子长大后这样对母亲说："如果小时候你对我严厉一点，我也不会落得今天这种下场！"相信这是做母亲的最大失败，也是母亲最大的悲哀。

母爱是伟大的，世界各地的人都在用多种形式来称颂母爱的伟大。但我要告诉家长们的是，只有科学的母爱才是伟大的，而那些不科学的母爱往往就是将孩子毁灭的"催化剂"。就像上述故事中的那个犯人，他之所以会走上犯罪的道路，跟他小时候母亲对他的溺爱有很大的关系。如果母亲能够对他严厉一些，即使他没有成为非常有成就的人，但他也不会成为犯人。

读到这里，母亲们肯定想知道，什么样的爱才算是科学的爱呢？

其实，科学的爱与不科学的爱是相对应的，如果家长们懂得哪些是不科学的爱，就知道如何给予孩子科学的爱了。

在多年的教学过程中，我将母亲给予孩子的不科学的爱总结为以下几种：

一是溺爱。我曾问过很多一二年级的孩子这样的问题："你在家里做家务吗？""你自己洗过衣服吗？"……每当这时，这些孩子都会迷茫地摇头，然后不以为然地告诉我："这些事情一向都是妈妈来做的！"

在孩子小的时候，妈妈无微不至地照顾孩子的饮食起居，这是对孩子爱的一种表现；但如果孩子已经上小学了，妈妈们仍然为他们包办一切，这就是溺爱的一种表现了。我们都知道，一二年级是孩子人生的一个重要开端期，也是培养孩子很多良好习惯的重要时期，所以，如果在这一时期，孩子沉浸在妈妈的溺爱中不能自拔，他们很有可能就会养成很多坏习惯，例如，懒惰、缺乏责任感等。更重要的是，他们将来很有可能会缺乏独立生活的能力。

二是无原则的爱。即母亲总是在爱的名义下无原则地向孩子的无理要求妥协。这种无原则的爱常常会使孩子变得毫无规则意识，从而为所欲为地做任何事情。母亲这种无原则的爱其实是一点点把孩子推向放纵自己,或犯罪的深渊。

当然,了解了这些不科学的爱的表现形式,母亲们还应该懂得如何给予孩子更科学的爱。具体来讲,母亲们可以借鉴以下几点方法。

方法一:在给予孩子爱的同时,不要忘记向孩子"索求"爱

有文学作品曾这样描述母爱:母爱是天地间最崇高、最伟大、最无私的爱。是的,每位母亲都愿意无私地为孩子奉献自己全部的爱。为了孩子,母亲愿意承担所有的家务;为了孩子,母亲把所有好的物品都留给了孩子;为了孩子,母亲再操劳也不会说一个累字……

然而,我要告诉所有母亲的是,母亲这种只会付出、不求回报的爱,很容易使孩子变成"自私鬼"。

一位二年级孩子的母亲曾这样对我说过:

一次暑假里,我生病了,病得很严重,到了中午,我仍然躺在床上。也许是女儿感觉到饿了,她跑到我的房间对我说:"妈妈,我饿了。"

我有气无力地对她说:"妈妈不舒服,你先去吃点面包好吗?"

听我说完这些后,没想到女儿竟然生气地对我说:"妈妈,虽然现在是暑假,但你也不能偷懒不做饭呀。你不给我做饭也可以,你给我钱好了,我去外面吃。"

我对女儿的表现感到非常伤心,我生病了,她不但不懂得关心,还冲我发脾气。真不知道为什么她会如此"冷血"?

在多年的教学生涯中,曾有无数个家长都向我这样抱怨:现在的这些孩子为什么一点同情心都没呢?为什么他们连自己的家长都不懂得关心呢?

其实,我要告诉家长们的是,家长的这种悲伤是由自己造成的。因为家长们只懂得给予孩子爱,却不懂得向孩子"索求"爱。对于这些正在成长的孩子来说,如果家长给予他们的爱太多,或者家长的爱来得太容易,他们就会把家长的这种付出看作是理所应当。当然,他们也会

把接受父母的爱看作是理所应当，当有一天家长没有能力再给予他们爱的时候，他们甚至还会对家长产生怨恨之情。

就像上述案例中的那种情况，妈妈生病了，已经没有能力再给孩子做饭，但孩子不但不关心妈妈，还埋怨妈妈偷懒。所以，正是在这种意义上我们说，是家长那种"只管付出，不懂'索求'"的方式让孩子变成了"自私鬼"。

所以，我一直向那些喜欢奉献的妈妈们传达这样的观念：在给予孩子爱的同时，也要给孩子创造机会，让孩子学着爱家长。

一位妈妈这样分享经验：

自从儿子升入二年级，我就开始有意识地向孩子"索求"爱。一个周末的傍晚，我故意装病对儿子说："儿子，妈妈有点头昏，爸爸出差不在家，你简单给妈妈弄点吃的好吗？"

我发现孩子面带难色，便添油加醋地说："妈妈早就有这种低血糖的毛病，每当犯病时都会头昏的厉害，但吃过东西之后就会好多了。"

听我这样说，儿子立刻说："妈妈，你等着，今天我给你做你最爱吃的西红柿炒鸡蛋。"

儿子说完就跑到了厨房。我知道做这道简单的菜对于即将8岁的儿子来说并不是难事，但为了保险起见，我仍然偷偷地在厨房门口监视着他的一举一动。

菜终于做好了，虽然味道有点怪怪的，但我仍然真诚地对儿子说："儿子，谢谢你帮我做饭，要不是有你，我真不知道该怎么办。不如这样，为了感谢你，我们把今天订为一个特殊的日子吧！"

儿子因为我的这些话而变得激动起来，他想一想说："妈妈，你每天都在为我做饭，我做得还不够多，这样吧，以后每个周六的晚饭由我来做。我们就把周六订为'回报妈妈日'吧！"

就这样，这个"回报妈妈日"在我家一直延续到现在。

对于一二年级的孩子来说，由于他们年龄尚小，自控能力还很差,自觉性也不是很强,所以,在一般情况下,他们并不懂得主动去关心家长,或是回报家长。因此,家长应该学会给孩子"制造"机会,让孩子去发现家长对他们的爱,然后引导他们主动去爱家长。

上述案例中家长的做法可谓是用心良苦,虽然在表面来看她欺骗了孩子,但这对孩子所起的教育结果却是积极的。妈妈在孩子面前故意装病,把自己软弱的一面展现给孩子,这很容易就会把孩子的责任心激发出来。当孩子体验到做饭的辛苦后,他们自然能够体会到妈妈的辛苦,体会到妈妈对他的爱。所以,在这种情况下,孩子很容易就会把回报妈妈当成自己的一种习惯。

读到这里,肯定有妈妈会这样说:"我对孩子的爱是无私的,我不求他们的回报。"但我要提醒持有这种观点的妈妈们,只有孩子感觉到了你的爱,并具有的回报的意识,他才不会变成"自私鬼";只有孩子学会了爱自己的父母,他们才会爱别人……所以,你现在向孩子"索求"爱,并不是为了自己,而是为了孩子能够健康成长。

所以,在某些时候,妈妈们不妨耍一些小手段,去激发孩子的回报意识。例如:

※夏天做饭的时候,你可以让孩子感受一下厨房里蒸笼般的温度;

※冬天外出买菜时,你可以让孩子体验一下那刺骨的寒风;

※孩子生病时,你可以向孩子说出你焦急的心情;

……

方法二:不要因为爱而忽视原则

一位一年级孩子的妈妈曾这样对我说:"现在这些孩子令你妥协的花招实在是太多了。作为母亲,我们常常会心软,所以,我们很难坚持原则。"

其实，我要告诉妈妈们的是，是你的经常妥协，才使得孩子的花招变得越来越多。对于这些一二年级的孩子来说更是如此，因为他们已经不再是小孩子了，大脑的发育，让他们具备了更强的思维能力。他们了解妈妈心软、容易妥协这一特点，所以，当恳求起不到效果时，他们往往就会用哭闹、威胁、讲条件等手段让妈妈妥协。

我们都知道，家长这种无原则妥协的教育方式，会在很大程度上使孩子的规则意识减弱。我们还知道，这些入学不久的孩子刚刚接触到学校的校规校纪。作为家长，我们可以这样想象一下，如果孩子经常不拿家庭中的那些规定当一回事，他会拿校规校纪当回事吗？将来他会把社会的法律当回事吗？

一二年级对于孩子的整个人生来讲，是一个非常重要的起始阶段。如果在这一阶段，孩子没有形成正确的规则意识，也许他的整个人生都将毁于这个阶段。所以，正是在这种意义上我们可以这样说，妈妈在教育这些年龄较小的孩子时坚持原则，其实也是在培养孩子正确的规则意识。

那么，具体来讲，面对这些花招繁多的一二年级孩子，妈妈们如何才能做到坚持原则呢？

一位家长这样总结经验：

在教育我 8 岁女儿的过程中，我不向她妥协的最好办法就是——时刻把规则放在首位。

一次，女儿没有写完作业就想睡觉。我能看得出，她故意打着哈欠，然后用恳求的语气对我说："妈妈，我真的好困呀，就这一次好不好，作业明天早上我会写完的。"

说实话，我的心确实有些软了，但我并没有为孩子的可怜相所动，我这样问她："我们的规定是怎么说的呀？"

"可我真的很困，难道你想困死我吗？"我知道，女儿改变"战术"了，她在威胁我。

我继续问女儿："我只想知道,我们的规定是如何说的。"

看我铁石心肠,女儿使出了"绝招",她边哭边说:"这个规定不公平,我已经特别困了,我只想睡觉……"

"我们的规定是如何说的?"我仍然用平静的语气问她。

女儿知道,继续纠缠下去我也不会妥协,所以她边擦眼泪边说:"我去写作业了。"

对于这些一二年级的孩子来说,在很多情况下,他们并不是不懂事,他们只是想向那些约束他们的规则挑战。他们一直以来都是一个细心的观察家,他们很轻易地就会得到"妈妈心软"这一讯息,所以,他们总是想找机会使妈妈妥协。在这种情况下,如果妈妈真的妥协了,那妈妈就等于中了孩子的计谋,从此孩子很有可能就会不拿家庭的规定当成一回事。

就像上述案例中那个孩子,如果妈妈真的因为她的恳求和眼泪动心,那"没写完作业就去睡觉"这种坏习惯很容易就会在这个孩子身上生根、发芽。不仅如此,今后家长为这个孩子所制订的那些规定,都将会成为一纸空文。

上述案例中这位妈妈为我们提供了一个防止自己向孩子妥协的好方法。当孩子有意不按规则去做时,引导孩子说出规则,实际上就是让孩子意识到规则的重要性,从而促使他们出现合作行为。

由此可见,当你的孩子想打破规则时,家长无须动怒,也不要向孩子妥协,只要用平静的语气引导孩子说出规则,孩子一般就会意识到规则的重要性。

在与家长们接触的过程中,我发现很多母亲常常用"下不为例"来教育孩子。但我要告诉母亲们的是,一旦有一次"下不为例"出现,在今后的教育过程中,孩子就会期待有无数次的"下不为例",而且他们往往还会非常努力地引导妈妈说出"下不为例"。所以,在教育孩子的过程中,母亲们一定要坚持原则,一次也不要向孩子妥协。

一次，在给一年级孩子的家长开家长会时，一位母亲这样说："不向孩子妥协，这说起来容易，但做起来就难了。"这位家长还举了这样一个例子："如果规则规定，不做完作业就不允许睡觉。但到了午夜12点，如果孩子还是没有写完作业，家长该怎么办呀？"

对于心软的母亲来说，这的确是个难题，这么晚了孩子还在写作业，第二天上课时肯定会没有精神；但如果妈妈就此放弃了原则，孩子为了不写作业，很有可能就会常常故意拖延时间，赢得妈妈的同情，以使妈妈再次放弃原则。

面对这一难题，一位母亲是这样做的：

从女儿上一年级开始，我就很明白地告诉她，学习是她自己的事情，我们不会催促她写作业。

一次，女儿因为贪玩，到了睡觉的时间才想起作业还没有做。看着她痛苦的表情，我知道她是不想做作业了。于是我这样对她说："妈妈知道你很困了，你是想现在早睡会儿，明早起来写作业，还是想晚睡会儿，明早睡个舒服觉呀？"

女儿想了想说："如果今天晚上不写完作业，整夜我都睡不好觉，还是今天晚上写吧！"

女儿自己也知道，如果再不立即行动起来，她的作业可能永远也写不完。于是，她只好放弃一切杂念，踏踏实实地去写作业了。

对于一二年级的孩子来说，虽然有时他们很贪玩，但他们也不想自己因为作业没写完而被老师批评。拿上述案例中的这种情况来说，当孩子不想做作业的念头产生时，如果母亲因为心软而放弃原则，就促使了孩子下定决心打破规则。

但如果母亲继续向孩子强化不完成作业的后果：早晨要早起、还有可能挨老师的批评……在这种情况下，孩子一般都会按照规则去做。

一二年级的孩子已经有了一定的理性思维能力，在一般情况下，他们能够想象出自己的决定会出现哪些后果。只是有些时候，他们只贪图眼前的舒适和享受，而不愿意去考虑后果。所以，当孩子想打破原则时，母亲们不妨把孩子打破原则的那些后果讲给他们听，这非常有助于他们做出理性的选择。

方法三：从母亲教育的误区中走出来

在多年的教学研究中我发现，母亲在教育孩子的过程中很容易走入两个误区：一是给孩子的爱太多；二是常常忽视对孩子进行爱的表达。关于第一点，我们在前面已经详细论述过，在这里，我们详细介绍第二点。

每位母亲都深爱着自己的孩子，在生活中，我们常常能看到这样一些温馨的画面：母亲轻轻地抚摸着孩子的头，孩子幸福地陶醉其中；母亲给了孩子一个甜甜的吻，孩子幸福地进入梦乡……

但这些仅仅是属于孩子小时候的回忆，随着孩子年龄的增长，尤其是孩子入学之后，大多数母亲都不会再像以前那样明确地向孩子表达自己的爱了。或者这样说，母亲对孩子的爱从来没有减少，只是她们对孩子表达爱的方式发生了改变。

的确，随着孩子自我意识的出现，在很多时候，孩子会排斥母亲那种赤裸裸的表达爱的方式。一位母亲曾这样说过：

我的儿子从幼儿园大班开始就不喜欢我吻他了。以前，每次送他去幼儿园后，我都会给他一个吻作为告别，但有一天，儿子说什么也不让我吻，还一本正经地对我说："妈妈，你不要吻我了，让我们班小朋友看到，他们会笑话我的。"

是的，当孩子入学之后，母亲这种赤裸裸表达爱的方式，常常会被他们看作是对待小孩子的方式。而且在面对这种表达爱的方式时，他们常常也会感到害羞。所以，在这种情况下，母亲就很少通过身体接触的方式向孩子表达爱了。

但在这里，我要告诉一二年级孩子家长的是，在这一特殊阶段，孩子需要母亲那种明确的爱。

我们都知道，对于这些刚刚进入小学的孩子来说，他们要面临很多转变：周围环境的转变、老师角色的转变、学习内容的转变……如果在这一时期，孩子不能明确地感觉到母亲的爱，那他们将会被一种强烈的不安全感所包围。

母爱是伟大的，母亲对孩子的爱能够产生神奇的力量。我们都知道，对于刚刚出生的婴儿来说，由于他们脱离了在母亲腹中的那种湿润、温暖的环境，所以他们的内心会产生极大的不安全感。这时候，母亲的爱抚和亲吻能够使他们对周围的人和环境建立信任，使他们重新找回安全感。但如果在这一时期，母亲心情不好，经常粗暴地对待孩子，那孩子就会不信任任何人，他们内心的那种不安全感很有可能就会伴随他们一生。

同样的道理，在一二年级这一阶段，孩子也正在经历多种转变，他们的内心也会产生不安全感。在这一时期，如果他们不能明确地感受到母亲对他们的爱，这将在很大程度上影响他们适应小学生活的速度。

一个刚刚入学不久的孩子曾这样说过：

我不想长大，因为长大了不仅要去上学，而且妈妈好像也不像以前那么爱我了。妈妈总是说："上了学就等于是大孩子了！"但我不想当大孩子，因为大孩子就得不到妈妈的爱了。

这个孩子说出了所有一二年级孩子的心声。从幼儿园到小学，面对如此众多的转变，孩子需要家长明确的爱，需要在家长爱的鼓励下去适应小学生活。但恰恰在这一阶段，母亲对孩子表达爱的方式也在发生着改变：她们不像以前那样明确地对孩子说："宝贝，我爱你！"她们也不会再像孩子小时候那样爱抚和亲吻孩子了……母亲的这些转变常常会使孩子迷茫，使他们产生这样的想法：难道长大了就意味着要失去所有人的爱吗？

其实，孩子之所以会产生这样的心理，还有一个深层次的原因，那就是在一二年级这个年龄段，几乎每个孩子都有一定程度的"皮肤饥渴症"，这是孩子渴望得到母爱的一种心理需求。确切来讲，这是孩子的一种矛盾心理：他们不想母亲再像小时候那样亲吻自己，但他们又渴望与母亲有身体接触，渴望得到母亲明确的爱。

由于大多数母亲并不了解孩子的这种心理需求，所以，这常常也是孩子不能尽快适应小学生活的一个原因。

针对这一点，一位聪明的母亲是这样做的：

看电视的时候，我会紧挨着孩子坐下，让孩子感觉到我与他之间的亲密；

当孩子难过时，我不会拥抱他，但我会轻轻地拍拍他的肩膀；

当孩子紧张时，我会拉着他的手，使他的情绪慢慢稳定下来；

……

这位母亲的做法非常科学。这即不会使孩子产生害羞或不舒服的感觉，又向孩子明确地表达了自己的爱，并在一定程度上缓解了孩子的"皮肤饥渴症"。在这种情况下，虽然孩子面临着很多转变，但母亲这种明确的爱会为他们顺利地适应小学生活提供更多帮助。

偶尔拍拍孩子的肩膀、握着孩子的手帮他消除紧张感，这既可以说是母亲对孩子表达爱的一种方式，也可以说是母亲鼓励孩子的一种方式，总之，这样的方法符合一二年级孩子的心理特点。所以，母亲们不妨试着用这种方式来表达你对孩子的爱。

四 父亲教育——孩子的性别不同，父亲要扮演不同的角色

在与家长们接触的过程中，我发现很多父亲常常持有这样的观点：挣得钱越多，给孩子提供的条件越好，自己做父亲做得越成功。

事实是这样的吗？每当遇到持有这种观点的父亲时，我都会明确地告诉他们：你们的观点是错误的，你所取得的成就与对孩子的教育是完全不同的两回事，这二者之间没有必然的联系。

我曾接触过这样一位父亲：

这位父亲的事业很成功，已经拥有三家属于自己的公司。但他却对我说："我觉得自己很失败，能够把三家公司打理得井井有条，但对自己的儿子却无可奈何。"

原来，他的儿子已经读初中了，正处于叛逆期。无论他说什么，儿子总跟他对着干。这不，他不让儿子去玩游戏，但儿子却不听他的话，甚至常常会为了玩游戏整天逃课。

从这个孩子的表现来看，我们可以断定，这位父亲对孩子的教育是失败的。但认识这位父亲的人都知道，这是一位事业有成的男人。所以，由此我们也可以得出这样一个明确的结论：即使一个男人的事业再成功，如果他对孩子的行为总表现得无能为力，他也只能算作是一个失败的父亲。

在家庭生活中，虽然大多数的父亲不会像母亲那样无微不至地照顾孩子的饮食起居，但在孩子的心目中，父亲的形象却是伟大的。

一个二年级的男生曾在作文里这样写道：

在我心目中，爸爸就是一位"万能达人"，家里的水龙头坏了，正当妈妈急得不得了时,爸爸三下五除二就把它修好了;每当家里出现麻烦事时,妈妈总会急得不知所措,但爸爸却能冷静地把事情分析得头头是道,然后找出对付这些麻烦的方法……

我很崇拜爸爸,我希望自己也能成为爸爸那样的"万能达人"。

是的,在这些一二年级孩子的心目中,父亲是万能的象征。他们崇拜父亲,并渴望与父亲接触。然而,在我们周围,很多父亲却常常因为工作而忽视了对孩子的教育。

我曾教过这样一个孩子:

在家长和同学的眼中,这个孩子很调皮,经常动不动就把自己弄得遍体鳞伤。后来,大家对这个孩子的受伤都习以为常了,每当医务室的医生匆匆忙忙地走向教学楼时,人们都会这样想:肯定是那个叫××的家伙又受伤了。

一次,趁他心情不错,我摸着他刚刚愈合的伤口问:"痛吗?"

"很痛。"

"那你为什么还总是让自己受伤?"

"只有我受了伤,爸爸才会来看我。"这个孩子很认真地说。

原来,这个孩子的爸爸工作很忙,每天晚上他回家时,孩子已经睡了。因此,这父子俩一星期也见不到几次面,更不用说在一起聊天、玩耍了。但让我没想到的是,这个孩子竟会用伤害自己的方式,来赢得与爸爸见面的机会。

随着社会竞争压力的加剧,大多数父亲几乎把自己的全部精力都放在了工作上面。于是,在现在社会中,又出现了这样一个新名词——"缺乏父爱综合症"。

所谓"缺乏父爱综合症",是指一些渴望得到父亲关注的孩子,因为常常得不到父亲的关注,就用一些奇怪的行为来伤害自己或他人,以赢得父亲的关注。

上述案例中的那个孩子就是明显的"缺乏父爱综合症"患者。为了

使自己能够有更多的机会与父亲相处，他竟然多次故意让自己受伤。作为成人我们知道，如果孩子的这种心理需求得不到满足，这很可能就会转变为一种心理问题。

其实，父爱的缺乏对于孩子的消极影响绝不仅限于这些。美国心理学家通过调查发现，那些没有得到足够父爱的孩子在情感方面存在很多障碍。例如，他们常常会出现焦虑、孤独、任性、多动、依赖、自尊心低下、自制力弱、攻击性强等缺陷行为。

读到这里，肯定有父亲会说："我们也想多陪孩子一会儿，我们也想自己的工作不这样忙，但我们的工作确实很忙。作为工作很忙的父亲，我们应该如何避免孩子出现'缺乏父爱综合症'呢？"

其实，只要父亲把教育孩子这件事放在心上，即使工作再忙，也能抽出一定的时间来陪孩子。

一位父亲这样分享经验：

由于平时工作忙，没有太多的时间陪女儿，于是，我和女儿商量决定，把每周的周六订为我们俩的"无工作日"、"无学习日"。也就是说，在这一天里，我不再思考工作上的事情，女儿也不再思考学习上的事情，我们俩在一起专心地做那些事先约定好的事情。

例如，有一个周六，女儿要我为她修理自行车。虽然女儿对修理自行车并不感兴趣，但她一直在旁边看着我修理，偶尔也会帮我递递东西。虽然那天，我和女儿仅仅说了极少的几句话，但从女儿的表情中我能看出，她很满足，因为这一天她是和爸爸在一起的。

又如，如果周六那天天气不好，我们没有办法出去玩，我就和女儿在家里一起整理我的邮票。边整理，女儿一边不停地问我："爸爸，这张邮票有什么特殊意义呀？""爸爸，那张邮票上的建筑代表什么呀？"……就这样在不知不觉中，女儿找到了自己的爱好，她也爱上了集邮。

其实，这些一二年级的孩子之所以渴望与父亲接触，是他们探索欲望发展的一种表现。我们都知道，在六七岁这个年龄段，孩子的注意力刚刚从自身、从家庭中脱离出来,他们要去探索外面这个丰富多彩的世界。但由于他们的能力有限,所以他们能够探索到的新鲜事物也是有限的。也许就在这时,他们会突然发现,父亲是那么的知识渊博,又是那么的有能力,所以,他们渴望与父亲接触,渴望父亲带他们去探索那个未知的世界。

就拿上述案例中的情况来说,女儿会因为爸爸拥有那么多的邮票而感到惊奇,女儿还会因为爸爸懂得那么多有关邮票的知识而感到骄傲。所以,女儿不仅会喜欢与爸爸在一起整理邮票的感觉,在爸爸的影响下,她也会喜欢上集邮。

读到这里,很多父亲肯定还会不解地问:"孩子渴望与父亲在一起,难道就是要我们陪他们玩吗? 妈妈也可以陪他们玩呀? "

其实,孩子渴望与父亲在一起,并不是因为父亲能够带他们去好玩的地方、会给他们讲好玩的笑话,这些母亲也可以做到。事实上,孩子与父亲在一起做什么并不重要,重要的是他们喜欢与父亲在一起的那种感觉。还是拿上述案例中的情况来说,女儿本来对修理自行车并不感兴趣,但因为爸爸的存在,修理自行车也会变得有意思。虽然在这一过程中父女俩并没有太多的沟通,但女儿也会感觉到满足,因为这段时间她是与爸爸一起渡过的。

所以,只要父亲抽出一定的时间来认真陪孩子,即使没有好玩的、好吃的,孩子也会满足。

在多年的教学研究中我还发现,对于不同性别的孩子,父亲的影响作用是不同的。所以,在与孩子相处的过程中,父亲还应该根据孩子的性别,来扮演不同的角色。

方法一:面对儿子——父亲要做出"阳刚"的榜样

每年新生入学时,我都会发现班级里存在几名这样的男生:他们走起路来扭扭捏捏,说起话来柔声细气,更让人不可理解的是,他们甚

至比女生还要害羞、胆小。

刚开始我觉得，这些孩子还没有适应小学的生活，他们表现出这些奇怪的行为是很正常的。但随着与这些孩子的深入接触我才发现，这些缺少阳刚之气的表现已经成为了他们的性格，是不会轻易改变的。

一位刚刚转学到我们班的一位男生的母亲这样对我说：

我家儿子已经转了三次校了，在以前的学校里，同学们都叫他"娘娘腔"，不但不跟他玩，还常常欺负他。在这样的环境中，儿子的性格变得越来越孤僻，我是没有办法才给他转学的。希望在新的环境中儿子能摆脱以前的那些困扰。

我试着跟这个男孩沟通，但还没等我说话，他就害羞地藏在母亲的身后了。看着这位母亲一脸疲惫和无奈的样子，我问她："孩子转学这么大的事，孩子的父亲怎么没陪在孩子的身边呢？"这位母亲更无奈地说："孩子他爸工作忙，平时就没有时间陪孩子，这联系学校、替孩子办转学手续等事情，都是我在操心。"

听这位母亲这样说，我终于知道这个男孩变成"娘娘腔"的主要原因了——是父亲教育角色的缺失使得这个男孩有了"娘娘腔"倾向。我们都知道，从孩子三四岁开始，他们就通过模仿他人的行为来认识周围的世界。但如果这些男孩每天接触的都是女性，如妈妈、幼儿园的阿姨等，因为没有男性可以作为榜样让他们模仿，所以，他们很难对自己的性别有正确的定位。在这种情况下，孩子变成"娘娘腔"的几率就会大为增加。

那么，在教育男孩的过程中，父亲们应该如何做，才能成为一位合格的父亲呢？

其实，对于任何一个男孩来说，他们的成长不仅需要父亲的陪伴，而且需要父亲给他们做出阳刚的榜样。

一位父亲这样分享经验：

一直以来我的工作都很忙，每天晚上我回到家后，儿子都已经睡了，因此我与儿子接触的机会很少。但一次偶然的机会，我却发现儿子很胆小，见到小虫子也会像小女孩那样大嚷大叫，不仅如此，他似乎对男孩喜欢的那些刀、枪、坦克等一点都不感兴趣。

我知道，儿子变成这样我要承担大部分的责任。于是，从那时起，我就有意识地抽出尽量多的时间来陪孩子。每次下班早的时候，我就会接孩子放学，然后告诉他，每个男人身上都会有意想不到的力量，例如，他可以驾驭汽车、飞机，还可以把火箭送上天……让他了解自己的力量。

当然，更重要的是，一有机会，我就带儿子去爬山，让他在征服山川的过程中感觉到自己的力量。

每个孩子的成长都是需要榜样的，如果一个小男孩的周围很少有男性出现，那他就会自觉不自觉地模仿身边女性的行为。在这种情况下，男孩身上那些胆小、依赖等女性化的特性就会被最大程度激发出来。随着年龄的增长，如果他们身边仍然没有男性肯认真地做他们成长的榜样，那这些女性化的特性很有可能就会成为男孩性格的一部分。

大多数有女性化倾向的男孩之所以那样胆小、喜欢依赖别人，是因为他们没有意识到自己身体里的力量。或者说，他们身上的那些男性特性没有被激发出来。所以，引导男孩了解自己的力量，并使他们感觉到自己的力量，是引导他们走出"娘娘腔"倾向的最好办法。

就像上述案例中的那位父亲，他有意识地带孩子去爬山，在这一过程中，他不仅给孩子做出了阳刚的榜样，而且可以在很大程度上使孩子感觉到自己的力量，从而也可以促使男孩逐渐摆脱那些女性化的行为。

读到这里，很多家长也许会这样说："防止男孩出现'娘娘腔'倾向，父亲只要让孩子爱上做运动、爱上一些冒险行为就可以了。"

其实，这些家长的认识是片面的。的确，热爱做运动、喜欢那些有冒险性的活动，是男性特征的表现。但并不是说孩子拥有了这些特征，就能成为男子汉，就能彻底摆脱女性化倾向了。

确切来讲，要想使孩子成为真正的男子汉，父亲还应该让他们知道男子汉的真正内涵。

一位父亲是这样做的：

为了锻炼儿子的意志力，我决定带他去参加野外生存训练。那天，我们仅仅吃了有限的一点食物，但要在荒原中行走一整天去寻找一个目标。到了下午4点钟左右，我和儿子又累又饿又渴，都已经走不动了。

在这种情况下，只要向着天空发出一个信号弹，我们就会被接到舒服的宾馆里。但如果这样的话，我们之前付出的那些努力就没有意义了，我带儿子来参加这次训练的目的也不会达到。

看到儿子躺在地上直想睡觉的样子，我知道我必须给他做出榜样。于是，我打起精神鼓励儿子说："儿子，来，我们互相扶持着，用不了多久，我们就会到达目的地。"

儿子也不想输，看我站起来了，他也挣扎着从地上爬起来。就这样，我们父子俩互相扶持着坚持到了终点。

后来我问儿子："在这次野外生存训练中你学到了什么？"

"要坚持，不达目的绝不罢休！"

"你说的是很对，但你仅仅说出了一个方面。你学到的还有，如何战胜自己、如何成为真正的男子汉……"

是的，真正的男子汉不能仅仅拥有男子汉的外表，而没有男子汉的内涵。而坚强的意志力、不达目的不罢休的精神等，这些都是男子汉内涵的具体体现。案例中的这位父亲可谓是用心良苦，为了使儿子具备这些男子汉的内涵，这位父亲带儿子去参加野外生存训练，并且在训练的过程中给孩子做出了良好的榜样。

家长们可以这样试想一下，在父子俩都又饿又渴又累的那个时候，如果父亲首先放弃了，或者父亲因为心疼儿子而放弃了继续努力，那这个男孩还能体会到男子汉的真正内涵吗？那以后再遇到困难和挑战，这个男孩能够坚持着去战胜自己吗？

我们都知道,答案是否定的。所以,要想让孩子具备男子汉的真正内涵,父亲首先要给儿子做出榜样。这样,男孩既具有男子汉的表面特征,又具备男子汉的真正内涵,那家长们就再不用担心他们会变成"娘娘腔"了。

方法二:面对女儿——父亲要培养女儿的自信心

在多年的教学过程中,我总结出了这样一个结论:父亲对女儿的教育态度,在一定程度上能够决定着女儿是自信还是自卑。

为什么会得出这一结论呢?

这还要从女孩的敏感天性和父亲的不善表达说起。我们知道,大多数的女孩都是敏感的,一旦她们被别人忽略,或者受到别人的批评,她们就会觉得别人不喜欢她们,从而产生很强烈的负面情绪。而大多数的父亲都不善于表达情感,他们不会像母亲那样说那些贴心的话语,更不善于细心观察女儿情感的变化。所以,父亲的粗心和不善表达常常会使女儿产生误解,她们会觉得父亲不爱自己。在这种情况下,女孩是很容易走向自卑的。

读到这里,很多家长可能会提出这样的反对观点:"女儿一向跟妈妈最亲,为什么爸爸对她们的态度却决定着她们是自信还是自卑呢?"

其实,在了解这个问题之前,家长们还应该了解女孩注意力的转变。

我们都知道,每个女孩小的时候都是妈妈的"小跟屁虫",妈妈走到哪里,她们跟到哪里。她们总是格外地依赖和依恋妈妈,而对爸爸却不感兴趣。但当孩子到了上学的年龄时,家长们会惊奇地发现,女儿不再像以前那样依恋妈妈了,但她们却非常渴望与父亲在一起。

为什么会出现这种转变呢?

确切来讲,这是由女孩眼界的开阔,以及注意力的转移而决定的。在女孩很小的时候,她们一直都沉浸在自己的世界里,她们需要他人

的关注和爱使自己感到安全。因为女孩的日常生活一般情况下都是由妈妈照顾的，所以，为了得到更多的爱与关注，她们常常会对妈妈表现出很强的依赖。

但随着年龄的增长，女孩的眼界也在逐渐开阔，她们的注意力开始从自身的世界里转移出来。这时，她们开始关注父亲，她们会被父亲的力量、父亲的幽默，以及父亲无所不能的能力所吸引。所以，她们渴望与父亲接触，渴望到父亲的世界去探索那些新鲜的事物。

因此，这些正处在一二年级阶段的女孩非常注重父亲对自己的评价。在很多时候，父亲对她们的评价和态度真的可以使她们对自己充满信心，也可以使她们落入自卑的深渊。

一位成年女性曾这样回忆道：

刚上学那会，每次穿上花裙子，我都会不停地问父亲："爸爸，好看吗？"因为如果爸爸说我好看，我会非常高兴，学起习来也会格外认真。但其他人的评价却起不到这样的效果。

当然，有时父亲也会忽视我，每当这时，我就会对自己产生怀疑，并不停地问自己："我做错了什么吗？我到底哪里做得不好？"每当受到父亲的批评时，我就会觉得自己仿佛落入了万丈深渊，自己真的是一无是处……

是的，父亲对女儿的评价和态度就是这样奇妙，它在很大程度上可以决定女儿情绪的巨大变化。我们都知道，在一二年级这一阶段，孩子的性格开始形成。如果父亲总是对女儿不闻不问，或者总是批评女儿的缺点，那女孩很容易就会形成自卑的性格。

那么，父亲应该如何做，才能让女孩对自己充满信心呢？

一位父亲曾这样表述自己的教育观念：

在教育女儿的过程中，我很注意鼓励和夸奖女儿。但我从来不夸奖女儿的外表，而总是夸奖她的努力和能力。

一次，我的一位很好的朋友来家里做客，我 8 岁的女儿很懂礼貌地跟他打招呼，并为他端来水果。然而，朋友却这样对女儿说："小朋友，你真漂亮。"

我对朋友的夸奖很不满意，当我与朋友独处时，我对他说："你伤害了我的女儿，你应该向她道歉。"

朋友很不解。

我继续向他解释到："我的女儿很礼貌地跟你打招呼，并给你端来水果，你不夸奖她的礼貌和努力，反而夸奖她长得漂亮，这就是对她的一种伤害。"

朋友向我伸出了大拇指，说："你的教育非常科学！"临走之前，她向女儿道了歉。

这位家长的教育理念和教育方法确实非常科学。由于渴望得到父亲的关注，很多女孩总是想取悦父亲。如果父亲总是夸奖女儿的外表漂亮，那女儿很容易就会把注意力放在自己的外表上。但如果父亲注重的是女儿的能力和努力，那女儿也会向着这些方面去努力。所以，由此我们也可以这样说：父亲对女儿的教育，可以为女儿指引正确的努力方向。

我们都知道，女孩都是爱美的，她们都非常注重自己的外表。尤其是到了入学的年龄，女儿会不停地问爸爸："我漂亮吗？""我的裙子好看吗？"……父亲对女儿的评价常常决定着她努力的方向。所以，在这种情况下，父亲就应该及时地引导她们正确地看待自己。例如，父亲可以这样告诉女儿：

"你很漂亮，但外表并不是最重要的，一个人的能力才是最重要的。"

"你的裙子很好看，但它却没有懂礼貌、有爱心等美好品质更具有吸引力。"

……

在父亲这种正确的引导下，女孩就不会把注意力仅仅放在自己的外表上，而是懂得去提高自己的能力了。所以，在这种情况下，女儿一

般都能正确地看待自己。

读到这里，也许父亲们会这样说："我平时很关心女儿，为什么她的性格还是有点自卑呢？"

其实，促使女孩自卑的因素有很多，但在孩子入学前后这一阶段，来自于父亲方面的因素是最主要的。因为女人与男人表达情感的方式不同，虽然父亲觉得自己很关心女儿，但女儿也很有可能感觉不到父亲的爱。所以，为了使女儿不会走入自卑的深渊，或者使女儿顺利地走出自卑，父亲不妨改变一下自己表达情感的方式：

※也许你说不出"女儿，我爱你"这样的话语，但你可以把对女儿的爱转变成鼓励。例如，你可以这样对女儿说："女儿，今天你主动帮我倒了一杯水，这说明你很体贴，也很有爱心，爸爸要谢谢你！"

※也许你常常会选择以在背后默默关注的方式来关心女儿，但在这种情况下，女儿很可能会感觉不到你的爱。所以，找个合适的机会，你不妨坐下来与女儿聊一聊，聊聊她的学习、她的朋友、她的老师……这种方式能够使女儿强烈地感受到你对她的关心。

※当女儿犯错后，也许你习惯于严厉地指出女儿的错误，但这种方式常常会使女儿受到伤害。所以，当女儿犯了错误时，你不妨把批评变为鼓励。例如，你可以这样对女儿说："如果你……，爸爸会更加喜欢你。"

对于这些正在成长的女孩来说，爸爸的爱和鼓励与妈妈的爱和鼓励是完全不同的。爸爸的爱和鼓励可以为女孩指出努力的方向，也能给予女孩更多的动力。所以，在爸爸的这种爱与鼓励陪伴下，女孩一定会对自己充满信心。

第二章

1-2年级,激发孩子学习兴趣的重要时期

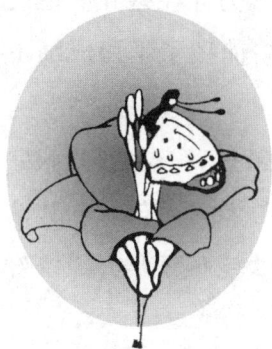

一 学习兴趣——帮孩子顺利度过三年级这个"坎儿"

二 学习态度——让孩子体会到,学习是件快乐的事

三 学习动机——让孩子明白,他在为什么学习

在多年的教学过程中，曾有很多家长都问过我这样一个问题："同样的年龄、听同一个老师在讲课，为什么孩子的学习成绩会有如此大的不同呢？"

很多家长把这一问题的原因归结为，孩子的智力存在差异。他们认为，孩子学习成绩好，是因为孩子聪明，智商高；而孩子学习成绩不好，是因为孩子笨，智商低。

当然，智力与孩子的成绩之间存在必然的联系，但作为老师，我要指出的是，除了那些少有的天才和弱智儿童之外，大多数孩子的智商都是相差无几的。也就是说，智力的高低并不是决定孩子学习成绩好坏的主要原因。

那么，决定孩子学习成绩好坏的主要原因是什么呢？

我给出家长们的答案是——孩子的学习兴趣和学习能力。

从孩子入学之日起，大多数家长就把自己的关注点放在了孩子的学习成绩上面。孩子取得了好成绩，家长会高兴得手舞足蹈，甚至还想大摆宴席为孩子庆祝；孩子成绩没有考好，家长就会不给孩子好脸色看，甚至还会使用暴力惩罚孩子。

其实，对于1–2年级的孩子来讲，家长这种过分注重学习成绩的做法是很不科学的,并会促使孩子产生这样的想法:学习是件苦差事!从而很容易就会引发孩子的厌学情绪。

因此,每次开一二年级孩子的家长会时,我都会向家长们传达这样一个观念:在 1–2 年级,孩子的学习成绩并不是最重要,最重要的是激发孩子的学习兴趣以及培养他们的学习能力。

我们都知道,即使是对于这些刚入学的孩子来说,1–2 年级所学知识的难度也不是很大,只要肯认真学习,他们就能很轻松地学会这些知识;但如果孩子觉得学习很苦,或者他们从心底就讨厌学习,那再简单的知识对于他们来说也是有难度的。所以,在这种意义上我们也可以说,1–2 年级是激发孩子学习兴趣的关键期。

在本章中,我们将详细介绍一二年级孩子学习兴趣的培养,以及影响孩子学习兴趣的那些主要因素,如学习态度、学习动机等。

一 学习兴趣——帮孩子顺利度过三年级这个"坎儿"

在孩子的成长过程中，很多家长都存有这样一个疑惑："我家孩子在一二年级时成绩很优秀，怎么到了三年级就忽然大幅度下降了呢？"

其实，家长们仅仅是看到了孩子成绩下降的表面现象，事实上，在这背后，孩子的心理也发生了很大的变化。细心的家长会发现，从三年级开始，每当听到"学习"两字，孩子就会噘起小嘴、皱起眉头。是的，很多孩子就是从这个时候起开始讨厌上学习的。可是为什么会出现这种现象呢？

有家长说，是由于知识难度的增长；也有家长说，这与学校的课程安排不合理有关。其实家长们仅仅说出了表面的原因，并没有发现真正本质的原因——孩子的学习兴趣丢失了，或者说，孩子根本没有学习兴趣。

读到这里，也许很多家长会提出反对意见："我家孩子 3 岁就已经认很多字、4 岁就能背很多首古诗、5 岁就能算三位数以内的加减法……这能说孩子没有兴趣吗？"

我承认孩子在小时候有掌握知识的超强能力，但我要告诉家长们的是，正是因为家长让孩子在小时候透支了这种学习兴趣，到了知识难度增加的三年级，孩子才会出现厌学现象。

作为家长我们都知道，一二年级的知识是很简单的，只要孩子去学，他们都能学会。但到了三年级，不仅仅是知识难度增加了，其他方面也会发生很大的变化。例如，从教材的编排来说，一二年级的教材中有大量的图画,但到了三年级,图画的数量会忽然减少;从老师的讲课方式来说,在一二年级,老师的讲课速度很慢,但到了三年级,老师们开始有意地加快自己的讲课速度了……所以,很多孩子不适应这些变化,他们开始对学习提不起兴趣,开始渐渐地讨厌学习。

另外,就像家长们所说的,孩子在很小的时候就已经识很多字、就已经会算很多道数学题,那到了一年级再讲这些内容,孩子就会觉得没意思。即使他们不好好听课,在考试中也仍然能拿到高分,因为一年级的知识他们在以前几乎都已经掌握的。但重要的并不是成绩,而是孩子的学习兴趣,重复的内容让孩子对学习失去了兴趣,让他们养成了不认真听课的习惯。如果孩子把这种学习状态持续到知识难度有所增加的小学三年级,这时,他们常常会在学习中"碰壁",在这种情况下,孩子的厌学情绪会越来越强烈。因此,也正是在这种意义上,很多老师把三年级称作是孩子们的一道"坎儿"。

很多家长常常会问我这样一个问题:"是不是所有的孩子都会碰到三年级这道'坎儿'呢?"

答案是否定的。在多年的教学过程中我发现,那些从一二年级就拥有良好学习兴趣的孩子,往往就感觉不到这道"坎儿"的存在。

我曾接触过这样一个孩子:

在入学之前,她认识的字有限,加减法也不太会算,但她总是保持着强烈的求知欲望。在课间的时候,她总是指着那些生字问旁边的同学:"这个字念什么呀?"在讲课期间我也发现,她对我讲的所有内容都感兴趣。因此在一二年级,这个孩子的成绩不算很突出,但也不算差。

到了三年级,当所有的孩子都对新增加的作文及小数皱眉头时,这个孩子却很坦然地接受了这一切,就好像难度根本就没有增加一样。有一次,我问她:"别的同学都说三年级的知识难度增加了,难道你没感觉到吗?"

"没有，我觉得现在的知识跟以前的知识一样有趣。"这个孩子想都没想地回答我。

是的，一二年级对于孩子的整个学习生涯来说是非常重要的，它不仅决定着孩子的学习态度、学习习惯，而且还决定着孩子是否拥有浓厚的学习兴趣。就拿上述案例中的孩子来说，她在入学之前并没有掌握丰富的知识，在一二年级也没有取得过出众的成绩，但她之所以能够成功地跨过三年级这个"坎儿"，这要完全归功于她从入学之日起就具有的学习兴趣。

我国古代的教育学家孔子就曾说过："知之者不如好之者，好之者不如乐之者。"由此可见，学习兴趣对于孩子来说是非常重要的。所以，我一直都在向一二年级孩子的家长们传达这样一个观念：要想让孩子顺利地走过整个学习生涯，你需要做的并不是时刻关注孩子的学习成绩，而是去激发他们的学习兴趣。

所以，为了使孩子能够顺利地度过三年级这个"坎儿"，为了孩子以后的整个学习生涯更为顺利，家长们从孩子入学之时，或者更早，就应该有意识地培养他们的学习兴趣。

具体来讲，作为一二年级的家长，我们应该如何去激发孩子的学习兴趣呢？

方法一：让孩子体验学习成功的乐趣

我曾教过这样一个孩子：

这个孩子已经读二年级了，但还没有把心思放在学习上，因为他总是把玩具带到学校里来玩。

一次，在上课之前，我看他拎着一兜积木走进教室，便走过去故意与他聊天："还有很长时间才上课呢，让老师看看你拿的是什么好东西？"

他看我并没有批评他的意思，便兴奋地对我说："老师，我搭的'大厦'是最美观、最牢固的，不信我搭给你看！"

离上课还有一段时间,我允许他在一刻钟之内把"大厦"搭好。得到我的允许,他像得到了一项光荣而艰巨的任务一样,激动地对我说:"没问题,在十分钟之内就可以完成,我可是将来最伟大的建筑师!"

在同学们"啧、啧"的羡慕和称赞声中,他把"大厦"搭好了,从他的表情中我可以看出,他正在为自己的成就而骄傲。

后来,因为我给了他表现的机会,他把所有的心里话都告诉了我。他说,他喜欢搭积木,因为当他把那些"高楼大厦"搭起来时,别人会羡慕他、称赞他,他自己也会产生自豪的感觉。

但一说到学习他就皱起了眉头,他说:"成绩不好,爸爸妈妈批评我;不主动去学习,爸爸妈妈批评我;写作业时的姿势不对,爸爸妈妈批评我……在学习的过程中,我总是挨批评、挨说,所以我不喜欢学习。"

作为这个孩子的老师,我认真地思考了这个孩子所说的话,在他的话中,我发现了一个一二年级孩子身上普遍存在的问题:他们之所以对学习提不起兴趣,是因为他们从来都没有体验过学习成功的乐趣。就拿上述案例中这个孩子来说,他之所以如此喜欢搭积木,是因为在这个过程中他能体验到成功。对于一二年级的孩子来说,他人的欣赏、羡慕、称赞,就是最大的成功。

但在学习的过程中,他们得到最多的却是批评和责备,是一种失败的感觉。在这种状态下,任何一个孩子都不会对学习产生兴趣。家长们可以这样想象一下,这些一二年级的孩子刚刚接触正式的学校教育不久,如果在这一时期孩子就经常产生挫败感,那他们将如何面对将来如此漫长的学习过程呢?

从这个孩子的心里话中也可以看出,家长对孩子学习兴趣的影响是十分巨大的。如果家长让孩子在学习过程中体验到的是成功,那孩子的学习兴趣就能最大程度地被激发出来;但如果孩子在学习过程中体验到的是挫败感,那他们只能是对学习产生厌烦情绪。

读到这里，也许很多家长会产生这样的疑问："调动学生学习兴趣，是老师的任务，这与家长有什么关系？"

是的，老师们也应该尽自己的最大努力去调动孩子的学习兴趣。但作为一名教学多年的老师，我可以十分肯定地告诉你，不管老师如何努力，如果家长不懂得用科学的方法去调动孩子的学习兴趣，那孩子还是对学习提不起兴趣。

我就曾亲身经历过这样一件事情：

一个一年级的孩子非常不喜欢学习，于是上课时我常常故意让她回答一些容易的问题；每当她的家庭作业有进步时，我就当着全班同学的面表扬她……那段时间，这个孩子的学习劲头在明显地提高。但这种好的状态没有持续多久，她又回到了以前那种对学习不感兴趣的状态。

我曾认真地与这个孩子沟通过，她说："每天在学校要学习，回到家要学习……我很累，我不喜欢学习！"

原来这个孩子的家长对她的期望很高，因此他们十分关注孩子的学习。只要孩子一回到家，他们就会催促孩子去学习；看孩子坐在电视前，他们也会催促孩子去学习……就这样，孩子在学校培养起来的学习兴趣就被家长催促得消失了。

对于一二年级的孩子来说，他们在学校接受的教育都是大同小异的，大多数老师都懂得用鼓励的方法去激发孩子的学习兴趣。如果家长能够配合老师继续去激发孩子的学习兴趣，那孩子对学习的兴趣就能被最大程度地激发出来；但如果家长只懂得盲目地让孩子去学习，那所有的孩子都将像上述案例中的那个孩子一样，视学习为负担，对学习提不起一点兴趣。

那么，作为一二年级的家长，我们如何才能激发孩子的学习兴趣呢？

每当有家长问我这个问题时，我就会给他们讲起下面这两位父亲教孩子打羽毛球的故事。

两位父亲分别教自己的孩子打羽毛球。第一位父亲是这样教的：看到孩子拿球的姿势，他说："拿球的姿势不对，应该……"；看到孩子握球拍的姿势，他说："不对，球拍应该这样拿！"；看到孩子发球的姿势，他很生气地说："不对，应该这样发球！"……结果，孩子扔掉球拍，从此再也不肯学习打羽毛球了。

第二位父亲教孩子打羽毛球的方法却截然不同，他不管孩子如何拿球、如何握拍，或是如何发球，而是任孩子凭着自己的想象去打球。他甚至还故意接不住孩子发来的球，并有意鼓励孩子说："行呀，小伙子，你发来的球连爸爸都接不住！"结果，孩子对打羽毛球这项活动产生了很大的兴趣，他不仅主动去学习握拍的姿势、发球的技巧，并且很快就掌握了那些基本的打球常识。

由这两位父亲教育方式的对比，我们可以看出，如果在学习的过程中，孩子得到的总是指责、批评，那孩子就会产生很大的失败感，从而对学习内容一点也提不起兴趣；但如果孩子在开始时就体验到了学习成功的乐趣，那孩子对所学内容的兴趣就会被激发出来。由此我们也可以得出这样一个结论：让孩子体验到学习成功的乐趣，是激发他们学习兴趣的有效途径。

具体来讲，家长这样做，便可以让孩子体验到学习成功的乐趣：

※引导孩子去发现自己的优势学科。例如，如果孩子很擅长做数学题，家长可以找一两道稍难一点的数学题目让他做，然后给他一定的提示，让其顺利地做出这些难题。在攻克难题的过程中，孩子很容易就会产生成就感。

※让孩子教那些年龄比他小的邻居小朋友学习，在这一过程中，孩子很容易就会体验到成功的乐趣。

※在孩子对学习没有信心，或者厌烦的时候，家长绝不可指责他们，或是挑他们的毛病，这样只会使孩子产生失败感。

方法二：从孩子本身的兴趣出发

在一次家长会上，一位家长苦恼地对我说："老师，我家孩子放学回家后不好好做作业，而是痴迷于玩扑克牌。这么小就痴迷于玩牌，那长大后还得了呀？"

于是在平常的时候，我对这个孩子多了些关注。一次，在课间，我真的看到这个孩子与同学在玩扑克牌。但他们的玩法并不是赌博，而是玩24点，即把几张扑克牌上的数通过加减乘除得出24，谁得出的24越多，谁就赢了。我知道这个孩子最不喜欢学习数学，但令我惊奇的是，他用扑克牌算起数来却又快又准。

于是我趁热打铁地问他："你知道扑克牌的来历，以及54张牌的象征吗？"

他迷茫地摇着头说："不知道。"

我故作神秘地告诉他："扑克的54张牌都是有象征的。如大王表示太阳、小王表示月亮、其余的52张牌表示一年有52个星期、四种花色表示一年有四季……"

他听得入了迷，然后问我："老师，这些知识是从哪里来的？"

"从书上看得呀，只要你肯认真学习，就可以学到更多有意思的知识。"

从那之后，这个孩子对学习的兴趣明显提高了。

到了一二年级这个年龄段，几乎每个孩子都拥有自己的兴趣、爱好，例如，喜欢某个游戏、喜欢某种球类、喜欢做手工等。在好奇心的驱使下，有些孩子甚至可以用兴趣广泛来形容，但让家长及老师们着急的是，这些孩子拥有这么多的兴趣，但就是对学习不感兴趣。

其实，在这里我要告诉家长们的是，孩子本身拥有的兴趣是可以转化为学习兴趣的。就像上面我所教的那个孩子，他对学习不感兴趣，但却对扑克牌很感兴趣。当我把扑克牌的历史、象征与知识的学习联系在一起时，在这种兴趣的引发下，孩子对学习的兴趣也大大被激发起来了。所以，由此可见，从孩子本身的兴趣出发去激发孩子的学习兴趣，是一种快捷、有效的学习兴趣激发途径。

读到这里，也许有家长会说："很多兴趣和爱好都是孩子'不务正业'的表现，它们会浪费孩子大量的学习时间。"当然，很多家长还常常会对孩子的这些兴趣进行扼杀和压制。

在这些家长的观念中，他们所做的这一切都是为孩子好，但需要指出的是，在这种情况下，家长扼杀的不仅仅是孩子的兴趣和爱好，还有孩子的学习兴趣。因为家长常常以学习为理由去扼杀孩子的兴趣和爱好，在这一过程中，孩子就会觉得是学习扼杀了他们的兴趣和爱好。所以，在这种情况下，孩子会憎恨学习，学习兴趣自然更是无从说起。

所以，聪明的家长从来不是以学习为理由去扼杀孩子的兴趣，而是引导孩子把这种兴趣转化为一种学习的兴趣。

那么，具体来讲，家长如何才能把孩子自身的兴趣转化为学习兴趣呢？

一位家长这样分享自己的经验：

我的儿子非常不喜欢背诵语文课文，但我知道儿子最喜欢下跳棋，于是我这样对儿子说："如果你能把这篇课文中的第一段背过，我就陪你下一盘棋。但有一个条件，如果你背得不流利，下棋的规则由我来订；如果你背得很流利，下棋的规则由你来订。"

第一段，儿子背得磕巴磕巴，于是我选择了一种最难的下棋方式。结果正像我预料的那样，儿子输了，但他很不服气地说："这个规则对我不公平，我不擅长用这种非常难的方式下棋。"

"如果你能把下一段课文背得流利点，这次的规则就由你来选。"

我故意激励他说。

这次，儿子真下工夫了，他认真地研究了背诵语文课文的方法，一口气背下好几段，然后自豪地对我说："妈妈，这次你要陪我下好几盘呀！"

当然，由这样的背诵经历，儿子自己总结出了这样一个结论：如果认真背诵，再难的课文也能在很短的时间内背会。

对于这些一二年级的孩子来说，兴趣的力量是神奇的。就像上述案例中的这个孩子，为了能让妈妈陪他下棋，他会心甘情愿地接受妈妈所提出的游戏规则和背诵任务。当然，这位家长的这种教育方式之所以会成功，是因为她抓住了孩子喜欢下棋这种心理，同时，她将孩子的这种兴趣与学习任务用游戏的规则联系在了一起，这大大增强了孩子的合作意愿。

其实，总体来说，这位家长所采用的教育方式就是，将孩子的学习任务与他的兴趣和爱好挂钩，用这种兴趣爱好来奖励孩子所完成的学习任务。在生活中，很多家长也常常会把孩子的学习任务与孩子的某些兴趣挂钩，例如，家长常常会这样对孩子说：

"如果你把作业做完，我就允许你看电视！"

"如果你上午写作业，下午我就带你去公园玩！"

……

从表面来看，这也是家长用孩子的兴趣激励孩子学习的一种方式，但家长们这种激励方法却有这样一个缺点：它与孩子的学习任务挂上了钩，但却忽视了对孩子学习质量的约束。所以，这种激励方法常常会起到一种相反的作用，为了尽快达成目标，孩子会出现应付作业、应付家长的行为。

所以，家长要想把孩子本身的兴趣转化为学习兴趣，除了要把孩子自身的兴趣与学习的数量挂钩外，还不能忽视与孩子学习的质量挂钩。

方法三：用童趣去激发孩子的学习兴趣

在教二年级的孩子分辨分数的大小时，我从一个小故事入手，巧妙地把孩子们的学习兴趣激发出来了。这个小故事是这样的：

猴妈妈有三个孩子：猴哥哥、猴弟弟、猴妹妹。有一天，猴妈妈找了一个大桃子，她把这个大桃子分成了三份：给了猴哥哥 1/3、猴弟弟 2/6、猴妹妹 3/9······

我的故事还没有讲完，有孩子就开始嚷了："猴妈妈不公平，她偏向小的孩子！"于是，我让孩子们自由讨论，讨论猴妈妈是否真的偏心。在争得不可开交时，我告诉了他们真正的答案。就这样，很多孩子都带着极强的好奇心和兴趣来听我讲解分数。

对于这些年龄较小的孩子来说，分数是很抽象的。如果老师讲课时他们不注意听，或者一开始就抱着对分数的反感心理来听课，他们很有可能就会学不会。但如果用一个小故事作为开端，孩子的好奇心和兴趣就会被极大程度地激发出来。在这种情况下，孩子的学习效率也会大大提高。

对于这些一二年级的孩子来说，虽然他们的年龄即将脱离儿童阶段，但他们的心理仍然还处于儿童时期，所以，故事、童话、传说等，能够在很大程度上吸引他们的注意力。也就是说，如果我们能够把那些抽象的知识融入到故事之中，由于故事使孩子的注意力处于高度集中状态，他们再去接受那些抽象的知识就会简单得多。另外，由于故事往往会设置很多悬念，所以它能更好地激发孩子继续学习的欲望，也就是引发孩子的学习兴趣。

所以，作为一二年级孩子的家长，我们不妨用一些带有童趣的小故事去激发孩子的学习兴趣。

一位家长这样分享自己的经验：

一天，孩子从学校回来后就一直垂头丧气，经过我耐心的引导，孩

子才说出她的心里话。原来今天数学课老师讲的是小数点位置的移动对小数大小的影响，但由于女儿不喜欢小数，所以她一点都没有听明白老师所讲的内容。

看着女儿毫无斗志的样子，我故意逗她说："不就是给小数点搬搬家吗，没事，如果你搬不动那个小数点，妈妈跟你一块抬。"

女儿被我逗笑了。看到她的精神稍微好一点，我这样跟她说："来，我们写几个小数，然后我们一起给它们的小数点搬搬家，看它们是变大了还是变小了。"在这种轻松、愉快的氛围中，女儿忽然对我说："妈妈，原来小数并不是那么让人讨厌。"在这一过程中，孩子自己还总结出了这样一个规律：小数点向左移动，小数就变小；小数点向右移动，小数就变大。

一二年级的孩子是很奇怪的，当他们对某些知识不感兴趣时，无论老师或家长费多少口舌，他们往往就是学不会这些知识。但一旦他们对这些知识产生了兴趣，他们就会完全解除先前自己对这些知识的"偏见"。其实，让孩子对那些知识感兴趣也是很简单的，只要家长把这些知识融入孩子的心里就可以了。那如何才能把知识融入孩子的心里呢？其实，在很多时候，家长仅仅需要改变一下语言。

"小数点位置的移动对小数大小的影响"，这句话对于一二年级的孩子来说有些抽象，也有些费解。但上述案例中的那位妈妈用孩子们的语言对这句话进行了翻译，就变成了"我们来给小数点搬搬家，看搬家后的小数是变大了还是变小了"。这样形象又充满童趣的语言，孩子接受起来就会顺利得多，而且，家长这种充满童趣的语言，还会引发孩子对小数的探索欲望。

所以，当孩子对某些知识或某些学科存在偏见，或不感兴趣时，家长不妨用充满童趣的语言，或者通过讲一个小故事的方法，使孩子对这些知识和学科重新认识，从而激发他们的学习兴趣。例如：

※当孩子不喜欢做应用题时,家长不妨把孩子喜欢的那些动画形象编入应用题中,去激发孩子对应用题的兴趣;

※当孩子对某篇课文不感兴趣时,家长不妨给孩子介绍一下这篇课文的作者,以及作者小时候的故事,这样孩子很可能就会带着极大的兴趣去品读那篇课文;

※当孩子不想去记忆那些冗长的文化常识时,家长不妨给他们打这样一个比喻:这些知识能够使他们变成文化方面的"超人",掌握的知识越多,就越来越接近"超人"。

学习态度——让孩子体会到，学习是件快乐的事

一位家长曾给我讲过这样一件有意思的事：

有一段时间，我们家小缘一直嚷着要我给她买一行 8 个格的生字本，我很奇怪地问她："家里不是有很多生字本吗？"

"可家里的生字本是一行 10 个字的，用这样的本子写作业，我总是吃亏！"这小家伙气呼呼地说。

这下，我终于明白是怎么回事了。原来，她们老师常常会留这样的作业：每个生字写一行。所以，用一行 10 个字的生字本写作业，她就会觉得吃了很大亏。听这小家伙说，她们班里的很多同学都在到处寻找那种一行 8 个字的生字本。

作为家长，听完这件事情，你一定会生气而又迷惑地感慨道："现在这些孩子都是怎么了，怎么多写两个字就成'吃亏'了呢？"

其实，这位家长的讲述说明了两个问题：一是孩子的学习态度问题，多写了两个字便认为自己吃亏了，这个孩子的学习态度很不科学。当然，对于一二年级的孩子来说，也许他们还并不懂得什么叫做学习态度，但从这时开始，家长必须有培养孩子正确学习态度的意识。

第二个问题便是老师的教育方式的问题，即，老师所留的作业不科学。作为老师，我能理解上述案例中那位同事的做法，让孩子把每个生字都写一行，他的目的是让孩子把这些生字记住，并记牢。但对于这些一二年级的孩子来说，这种枯燥的作业只会使他们产生厌烦情绪，进而用应付的态度来对待家庭作业。当然，更重要的是，在这一过程中，孩子的学习态度也会慢慢形成，他们也会用应付的态度来对待学习。就像上述案例中的那个孩子，在老师这种枯燥家庭作业的影响下，孩子会认为学习就是一件枯燥的事情，所以她多写了两个字便认为自己是吃亏了。

看到这里，肯定有家长会得出这样的结论：孩子的学习态度完全取决于老师的教育方式。但作为老师，我要告诉家长们的是，这个结论是不正确的。老师的教育方式是会影响孩子的学习态度，但对其学习态度影响最大的因素还是家长的教育方式。

也许大多数家长早已发现了这个问题：同一个班级中的孩子接受着同一个老师的教育，但他们的学习态度是完全不同的：有的孩子对学习充满了热情，而有的孩子却一听到"学习"两字就头痛；有的孩子用如饥似渴的态度对待学习，而有的孩子却想永远摆脱学习……在这种情况下，我们就应该在学校以外，来寻找影响孩子学习态度形成的主要因素。

我曾教过这样一个孩子：

这个孩子很聪明，但刚读二年级就表现出了很明显的厌学情绪。秋天的一个早晨，我发现这个孩子穿了很少的衣服来上学，冻得哆哆嗦嗦的，便把自己的一件外套给了他。但令我奇怪的是，这个孩子并没有动那件外套，而是一直在哆哆嗦嗦地听课，最后的结果是，他冻感冒了，第二天没有来上学。

后来，这种情况频频出现，他要么是在降温天气穿很少的衣服、要么下雨天故意淋雨……总之，他是想尽一切办法让自己生病，目的就是不来上学。

在与这个孩子的父亲接触的过程中，我终于明白这个孩子为什么会如此地厌学了。这位父亲一直对我说："我小时候没好好读书，所以现在生活得很辛苦，我不能让孩子再走我的老路……他放学回家后，我就让他学习，每天晚上都学习到 10 点钟……"

对于孩子们来讲，学习本可以是件轻松、愉快的事情，但在如此高

压的状态下,哪个孩子又能喜欢上学习? 哪个孩子又能不对学习产生厌烦情绪?

在现代社会中,在大多数家长的眼中,学习都是神圣的,学习是改变孩子命运的最主要渠道。但正是由于对学习的这种巨大期待,家长的很多教育行为常常会使孩子对学习的态度产生偏差。就像上述案例中的那个孩子,本来在学校学习一天已经很累了,但回到家后,爸爸仍然逼着他去学习,并且要学到很晚。这样,在这个孩子的观念中,学习就变成了一件苦不堪言的事情。在这种情况下,孩子产生厌学情绪是很正常的。

所以,在这种意义上,我们可以说,家长对待学习的态度往往决定着孩子对待学习的态度。

的确,事实就是这样的。每次课间活动结束时,我都会这样跟孩子们开玩笑:"同学们都玩累了吧,来,让我们轻松一下吧,来认识几个生字。"把学习当作一件很轻松、很快乐的事,所以,在我的课堂中,几乎所有的孩子都会如饥似渴地学习知识。

其实,在家庭中,家长同样可以通过自己的教育,让孩子感觉到学习是件轻松、快乐的事情。

一位妈妈这样分享自己的经验:

很多妈妈跟我说:"这些刚入学的孩子不催促是不会主动去学习的。"但我知道催促会使孩子厌烦、讨厌学习,所以我从不催促孩子,而是用快乐的方式引导孩子去学习。

当孩子放学回家后,我不问他在学校学了什么,而是这样问他:"在学校学了一天很有意思吧,把那些有意思的事情给妈妈讲讲吧!"

当孩子应该去做作业时,我会这样对他说:"有很多生字在向你挑战呢,说你不会写它们,怎么样,你敢不敢接受它们的挑战?"

当孩子抱怨作业太多时,我会这样对他说:"难道你还嫌快乐太多吗? 来吧,让我看看你是如何把它们都消灭掉的!"

......

在这种引导下,我家孩子学习一直都很主动,更重要的是,他一直都把学习当成快乐的事,并懂得自己去发现学习的乐趣。

在多年的教学过程中,我也发现了这样一个问题:家长越是用十分紧张的态度催促孩子去学习,孩子对学习就越没有好印象;但如果家长一直用轻松、快乐的语气态度对孩子说:"学习真的很有意思!"那孩子也会把学习当作快乐的事情。

对于一二年级的孩子来说,形成正确的学习态度是很重要的,因为在这一时期形成的学习态度,往往决定他今后整个学习生涯中对待学习的态度。即,在入学初期,如果孩子觉得学习令人厌烦,那这种厌烦情绪很有可能就会伴随孩子的整个学习生涯;但如果孩子觉得学习很有意思,学习是件快乐的事,那孩子的一生都将在这种快乐的学习态度中受益。所以,在这种意义上,我们可以说,一二年级,是家长培养孩子正确学习态度的关键期。

所以,那些孩子刚刚入学不久的家长们应该注意了,在这一时期,你不需要太关注孩子的学习成绩,但你必须要做的是,不断地向孩子传达这样一个观念——学习是快乐的事情!

那么,家长如何做,才能让孩子感觉到学习是件快乐的事情呢?

方法一:让孩子时刻都保持新鲜感——快乐与好成绩之间的平衡点

一位家长曾这样向我讲述了他的矛盾心理:

看到现在大多数的家长都在为提高孩子的学习成绩而疲于奔命,我知道,这种教育方式是不科学的。所以,从孩子开始入学起,我一直都在说服自己,不要太注重孩子的学习成绩。但在很多时候,我又希望孩子能用出色的成绩来证明自己的能力。

我的思想很矛盾,我甚至都不知道该如何去教育孩子了……

这位家长说出了大多数一二年级孩子家长的心声。的确,现在大

多数的家长都懂得让孩子快乐学习的重要性，都懂得了不能总是盯着孩子的学习成绩，但学习毕竟是孩子的任务，学习成绩也是衡量孩子成长的一种重要手段。于是，在这种情况下，很多家长都觉得自己的想法很矛盾：既希望孩子快乐学习，又希望孩子能够取得好成绩。

其实，在我看来，家长们的这种想法一点都不矛盾，因为孩子的快乐与取得好成绩，这两者并不冲突。家长们之所以会觉得自己的想法矛盾，是因为他们错误地认为，只有"玩"才会给孩子带来快乐。其实不然，学习也可以给孩子带来乐趣。或者我们也可以这样说，"玩"与"学习"并不冲突，如果家长能够帮助孩子找到这二者之间的平衡点，孩子就会觉得"学习"就像"玩"一样有意思，孩子也会像喜欢"玩"一样喜欢上"学习"。

事实上，对于那些刚刚接触学习的孩子来说，学习是充满新鲜感的。相信大多数的家长都还记得孩子学会写第一个生字时的表情——兴奋、激动、愉快，但为什么孩子对学习的新鲜感这么快就消失了呢？这还要从家长对孩子的期望说起。

家长们可以这样思考一下，在孩子的成长过程中，你对孩子的期望是否发生了改变？看着孩子学会写第一个生字，你对孩子的称赞和欣赏之情是否已经溢于言表了？但随着孩子年龄的增长，你对孩子的期望是不是越来越高，你是不是对孩子的表现越来越不满意？

对于这些问题，相信大多数家长的答案都是肯定的。这样，我们就找到了孩子学习新鲜感消失的一个重要原因，那就是——家长对待孩子的期望和态度发生了改变。

一个二年级的孩子曾这样表述自己的心声：

我小的时候，父母是那样爱我，他们常常会竖着大拇指对我说："你真棒！"每当这个时候，我就会觉得自己身上充满了力量，还觉得自己是这个世界上最幸福的人。

但随着年龄的增长，父母好像越来越不喜欢我了。尤其当我上了小学后，父母对我的表现总是不满意，他们总是挑我的毛病，总是逼着我去学习。也就是从这时候起，我觉得在父母心目中，好成绩比我要重要得多。

这个孩子说出了一二年级的孩子正在承受的心理压力，以及他们的学习态度改变的主要原因和过程。是的，虽然对于这些一二年级的孩子来说，学习也是充满新鲜感的，但当他们取得进步或成绩时，他们需要他人的欣赏和鼓励，尤其是家长的欣赏和鼓励。

然而，现实生活中的真实情况是，由于一二年级是孩子们坏习惯的萌发期，所以，在对孩子巨大期望的影响下，大多数的家长总是把目光盯在孩子的坏习惯上，而忽视了孩子在学习上所取得的进步和成绩。当然，还有很大一部分家长已经不满足于孩子在学习上所取得的这些进步，他们忽视了对孩子的欣赏和鼓励，继尔还在苛求孩子要"继续努力学习"。

在这种情况下，学习给孩子带来的压力要远远大于学习本身的乐趣。所以，基本上从入学后不久，学习的新鲜感就会被学习的压力所代替，这时，孩子对学习的不满和反感态度也会一点点地滋生、蔓延。

所以，家长要想让孩子在快乐和好成绩之间找到平衡，就要让孩子一直保持对学习的新鲜感。具体来讲，家长们可以从以下两个方面去努力：

1.保持平常心，永远用欣赏的态度对待孩子的学习。

每一天，孩子都是在进步的，但家长们之所以常常发现不了孩子的进步，很大程度上是因为家长对孩子的期望过高了。家长适当的期望可以激发孩子的进取心，但期望过高，孩子就会视学习为压力，在充满压力的状态下，孩子永远也不会感觉到学习的乐趣。

其实，对于现在这些一二年级的孩子来说，在学校中，在各种排名、竞赛中，孩子已经能够明显地感受到学习的压力了。所以，作为家长，我们更应该保持平常心。在大多数情况下，家长的任务不是继续给

孩子增加压力，而是为他们减压。

我就认识这样一位家长：

一次，他家孩子考试成绩是最后一名，但他却这样对孩子说："虽然你的成绩比别人差，但爸爸相信，你所掌握的学习方法和良好的学习习惯，绝对比其他的孩子多。"

下次考试，孩子的成绩有所进步了，他就这样鼓励孩子说："我知道你有学习的潜能，看，当你把自己的潜能一点点释放出来时，成绩就会'嗖嗖'地提高！"

我们都知道，一二年级的知识很简单，大多数的孩子都能轻松地掌握那些知识。所以，对于一二年级的孩子来说，学习成绩并不能代表什么，但在这一阶段，孩子对学习所产生的印象，以及他们的学习态度，却会伴随他们走过整个学习生涯。

所以，在这种情况下，家长欣赏和鼓励的态度，就等于是在培养孩子对学习的自信心，以使孩子能用轻松的、快乐的态度面对学习。所以，作为一二年级孩子的家长，不管孩子的学习成绩如何，都请尽情去欣赏和鼓励你的孩子吧！

2.帮孩子去发现学习中的新鲜感。

很多家长常常持有这样的观点："要让孩子一直保持对学习的新鲜感是不可能的，对于那些刚接触学习的孩子来说，学习是充满新鲜感的，但当孩子入学后，学习变成了他们的主要任务，他们自然就会对学习产生厌烦情绪。"

从表面来看，这些家长的观点很有道理，但实际上，这种观点是不科学的。在正确的状态下，对于一二年级这个年龄段的孩子来说，任何新鲜知识都是充满诱惑力的，例如珠算、英语等知识的学习等。这主要看家长如何去引导。

一位聪明的家长是这样做的：

在孩子学习珠算之前，他神秘地对孩子说："明天老师会教你使用一种伟大的计算工具,这种工具能够锻炼你的思维能力,让你变得越来越聪明。"

"什么计算工具呀,这么神奇?"孩子好奇地问。

这位家长把事先准备好的算盘拿出来。

看到这种老掉牙的计算工具,孩子不屑地撇了撇嘴。

家长看透了孩子的心思,继续对他说:"计算机虽然算数算得快,但除了算数之外,它对人几乎没有其他方面的帮助。但算盘可就不同了,它能锻炼人的思维能力,能使人越来越聪明,这就是它的伟大之处。"

孩子被家长说服了。第二天孩子从学校回来后,就兴奋地对家长说:"爸爸,我又发现了算盘的一大优点,老师说,如果熟练掌握了算盘的技巧,它并不比计算机慢!"

由于算盘这种计算工具的古老性,大多数孩子在对算盘的认识上可能都会有一些偏见,但上述案例中的这个孩子之所以对珠算这样感兴趣,这完全要归功于家长对他的提前教育,归功于家长提前为孩子营造的新鲜感。

其实,在孩子的学习生涯中,好多情况都是这样的。随着孩子年龄的增长,你会发现孩子也许会莫名其妙地讨厌上某种题型、某个学科等,但孩子之所以会产生这种情绪,往往是因为他们对这些题型和学科缺乏了解。

所以,为了避免这种情况的产生,以及激发孩子对学习的兴趣,家长们需要具备一种"先知先觉"的意识。就像上述案例中那位家长所做的,在孩子学习珠算之前,就向孩子灌输珠算的神秘感和神圣感,这样不仅可以把孩子那种莫名其妙的厌烦感驱除掉,还可以促使孩子带着新鲜感去学习珠算。

对于一二年级的孩子的家长来说,你可以从以下几个方面来增加孩子学习的新鲜感:

※当孩子将要接触应用题时，你可以这样对孩子说："明天老师可能给你讲一种好玩的题型，做这种题就像做游戏……"

※当孩子将要接触作文时，你可以这样对孩子说："你知道二年级的学生最伟大的能力是什么吗？让我告诉你吧，那就是作文能力。其实写作文很简单……"

……

家长这种"先知先觉"的教育，对孩子最大的影响就是，给他们营造新鲜感。所以，在这种教育方式下，任何一个孩子都不会觉得学习枯燥，更重要的是，家长的这种教育还能使孩子在快乐与好成绩之间找到平衡点。

方法二：给孩子创造积极的学习"舆论环境"

一位二年级孩子的家长曾伤心地跟我讲述了这件事情：

那天晚上，女儿就是不肯做作业，我批评了她两句，没想到她竟反驳我说："学习并不重要，只要我将来能嫁个好老公就行了！"

听到女儿这样说，我都气呆了。女儿却还在继续证明她的观点："你看看二单元的张阿姨，她连初中还没有读完，但人家嫁了一个好老公，所以人家现在可以不上班，而且还可以每天开着车到处去玩。还有教我们数学的李老师，虽然她是名牌大学的毕业生，但你看看她的生活质量，从来没见她穿过名牌……反正我觉得上学用处不大！"

她才上二年级，就对学习持这样的态度，我真不知道该如何教育她了！

的确，到了一二年级这个年龄段，由于孩子的关注点开始脱离了自身和家庭，所以他们开始关注自身之外的世界。当然，在这一过程中，受周围人观点的影响，他们也开始分析外部世界的一些现象，也开始在思考一些问题。就像上述案例中的那个小女孩，也许她经常会听到周围的人讲述并评论邻居张阿姨的情况,所以在她的小脑袋瓜里就产生了这样的思想:学习没有用,将来能嫁个好老公才是硬道理。

虽然在我们成人眼中,孩子的这种思想是幼稚的,但这的确是这一年龄段孩子思想的主要特点。由于目光的短浅,也由于理性思维能力有限,只要在学习方面稍微遇到一点困难,这些一二年级的孩子就会产生放弃学习的想法。这时,小男孩们可能会这样想:我将来要自己做生意,做生意根本用不着太高的文化;而小女孩们则会产生嫁个好老公的想法。

作为家长我们知道,孩子的这种思想很可怕。如果孩子以这样的思想作为学习生涯的开端,这会在极大程度上影响孩子将来的学习态度。所以,当孩子这种错误的思想开始露头时,家长就应该有意识地把它们消灭在萌芽状态。

也许大多数的家长最关注的是这样一个问题:"如何避免孩子产生这种错误的思想呢?"

其实,答案很简单,给孩子创造一个正确的"学习舆论环境"就可以了。具体来说就是,避免消极学习观念,营造积极的学习"舆论环境"。

1.避免消极的学习观念。

生活中,我们的孩子常常会受到那些消极学习"舆论环境"的影响。而这种消极的"舆论环境"往往是家长在无意识之间为孩子所营造的。例如,每位家长,尤其是妈妈,常常会这样与别人聊天:

"××做生意赚了一大笔,听说他的文化水平并不高,中学都没有读完,人家是赶对好时机了。"

"××家的女儿嫁人了,人家命好,嫁了个有钱的老公。"

"××家的孩子还没找到工作呢,还是大学生呢,现在的大学生是越来越不值钱了!"

……

也许家长们仅仅是在闲聊,也许家长们仅仅是在发表自己的感

慨……我敢保证，家长们绝对没有向孩子传达"学习无用"观点的意思。但如果这些无意识的聊天内容，被这些判断力不是很强的一二年级孩子接收到，他们就会非常羡慕那些"运气好"和"命好"的人们，并且还会产生蔑视学习的想法，进而会自己总结出"学习无用"的结论。

对于一二年级的孩子来说，这种"学习无用"的错误观念很容易就会转化为他们的厌学情绪。所以，为了避免孩子受到消极"舆论环境"的影响，家长在日常生活中一定要注意自己的言论和思想。只有家长时刻用积极的态度看待学习，孩子才能时刻保持积极的学习态度。

2.营造积极的学习"舆论环境"。

家长仅仅不向孩子传达消极的学习观念还是不够的，因为随着孩子人际关系的扩展，随着他们接触事物的增多，我们的孩子终将会不可避免地要受到消极学习观念的影响。所以，家长还必须有意识地为孩子营造积极的学习"舆论环境"。

一位家长这样分享自己的经验：

一天，孩子放学回家后这样问我："妈妈，你说那些天天开汽车，天天吃大餐的人是怎么成功的？"

"是因为他们小时候努力学习呀，努力学习将来就能取得大成就。"说完之后，我自己也觉出了这个答案有点牵强。

"妈妈，你骗我。我们班张宏鹏的爷爷小学都没读完，但他现在是一个很大的工厂的总经理。"

"在你们爷爷辈的那个年代，经济还不是很发达，只要有聪明的头脑，再加上勤奋，人们就能取得很大的成就。但在现在社会中，没有知识的人只能靠出卖自己的劳力生存，就算给他们资金，他们也没有开办公司的能力。"从孩子的表情中我能看出，他听得很认真，并且已经接受了我的观点。

是的，在这一时期，孩子们偶尔也会考虑到自己的未来，也会考虑到自己将来的生活方式。所以，当孩子把自己的这些疑问告诉家长时，家长一定要耐心地给孩子分析,并及时为他们营造积极的学习"舆论环境"。

另外,家长还可以利用一些公众人物来向孩子传达积极的学习观念。例如,家长可以这样说:

"你看电视上的杨澜阿姨,她现在的成就如此之大,都是通过她的刻苦努力所得来的。"

"你最喜欢的主持人白岩松,你去看看他的自传,你就知道他小时候学习有多刻苦!"

"那些演艺界、文艺界的一些知名人士,他们之所以不停地去进修,就是因为他们懂得,只有继续学习,才能取得更大的成就!"

……

我之所以提倡家长们用这些知名人士作论据,来说明学习的重要性,是因为这些名人可以成为孩子的榜样。对于一二年级的孩子来说,榜样的力量是巨大的,如果家长能帮助他们找到合适的榜样,孩子对学习的积极性就能极大程度地被激发出来。

其实,在生活中,为了使孩子能够用积极的态度对待学习,家长们也常常在为孩子寻找着榜样。例如,家长常常这样教育孩子:

"你看王阿姨家的儿子,人家学习多刻苦,所以他才考上了重点高中,你一定要向他学习呀!"

"你看你们班的王波,人家学习多认真,你也要向他学习呀!"

……

确切来说,家长这种教育方式并不能达到为孩子寻找榜样的目的,相反,这还会激发孩子的仇视心理。一二年级这个年龄段孩子的思想是很狭隘的,如果家长总是拿他们与周围的孩子对比,他们会从心底讨厌那个孩子。在这种情况下,孩子对那些优秀同学的仇视心理很容易就会转化为对学习的反感。所以,这样的"榜样"不仅不利于孩子学习,反而还会使孩子产生消极的学习态度。因此,家长要为孩子营造

积极学习的"舆论环境"，还要考虑到这一年龄段孩子的心理，不要拿自己的孩子与别的孩子做比较，而是引导孩子自己到那些名人的成长经历中，去寻找成功的真谛。在这一过程中，孩子不仅可以找到真正的"榜样"，而且还可以形成牢固的、正确的、积极的学习态度。

方法三：让孩子明白，学习是一种途径，而不是目的

在多年的教学过程中，我接触到了形形色色、各种性格的孩子，但总体来说，我常常把这些孩子们分成两大类：一类是不喜欢学习的孩子；另一类是喜欢学习的孩子。也许家长们都会这样想："如果我家的孩子天生就喜欢学习，我肯定能省很多心。"

但作为老师，我要告诉家长们的是，即使你的孩子天生就喜欢学习，你也未必能省心，因为他们的学习态度并不一定正确。

一位家长曾这样问我：

我的女儿今年才上二年级，她对学习一直都很主动，也很认真。我对她的学习很放心，因为她从来不用我催促着去做作业。

一开始，我对女儿的这些表现很满意。但渐渐地，女儿在学习方面却出现了问题：每次考试成绩揭晓后，只要她没有考得满分，或者没考得第一名，她就会异常的烦躁。在这种情况下，她根本就听不进我们那些安慰的话，而且还会向我们大发脾气。我和她爸都觉得孩子的这些行为有点不正确，但又不敢轻易下结论，不知老师对此如何评价？

在大多数家长心目中，只要孩子喜欢学习，或者说，只要孩子不讨厌学习，家长往往就不用太关注孩子的学习情况。其实，家长们的这种态度是不科学的，因为孩子喜欢学习并不等于他们的学习态度正确。就像上述案例中的那个孩子，她对待学习的态度太紧张了，我们可以这样说，她几乎把学习当成了生命的唯一。事实上，孩子这种过度紧张的学习态度是不科学的，这常常会促使孩子产生两种结果：一种是使孩子变成"两耳不闻窗外事"的书呆子；另一种是使孩子变成惧怕困难

和挫折的"胆小鬼"。

家长们可不要忽视这种情况,那些喜欢学习的"乖宝宝"身上常常会存在这些问题。在多年的教学过程中我也发现,一二年级的孩子的学习成绩常常是不分上下的:只要肯努力,人人都可以拿到好成绩;但只要稍不留神,由第一名变成最后一名也是常有的事。所以,在一二年级,孩子的成绩并不能说明什么,孩子的成绩也不是很重要。但在这个时候,孩子所形成的学习态度却是很重要的。就像上述事例中的那个孩子,如果她一直用如此紧张的态度来对待学习,她不仅不会体会到学习的乐趣,而且随着年级的增长,她很快就会被越来越重的学习任务压得不堪重负。更重要的是,在这种情况下,她很快就会在学习中迷失方向,最终会产生非常强烈的厌学情绪。

我们可以从这些"乖宝宝"的成长经历中得出这样两个结论:一,孩子喜欢学习并不等于他们拥有正确的学习态度;二,孩子的学习态度是否正确或科学,往往决定着他们能否通过学习取得成就。

所以,作为家长,我们时刻应该持有这样一种观点,即使孩子学习很认真,也很努力,我们也要引导他们形成正确的学习态度。

那么,什么是正确、科学的学习态度呢?家长如何才能让孩子形成正确、科学的学习态度呢?

家长们一直在对孩子讲学习的重要性,一直都在鼓励孩子要好好学习,但到底什么才是科学的学习态度,相信大多数家长还没有真正弄明白。从一年级开始,每次开家长会时,我都会向家长们传达这样一个观念:对于孩子来说,学习是一种途径,而不是目的。

其实,孩子那种对学习过分紧张的态度往往是受家长的"传染"。自从孩子入学之后,大多数家长都会表现得很紧张:总是催促着孩子去学习、生怕孩子在学习生涯的开始就落在别人后面……所以,在家长这种过分紧张态度的影响下,孩子也会用过度紧张的态度来对待学习。我们都知道,这种过度紧张的学习态度对于孩子的整个学习生涯

是非常有害的。

在教学过程中，我曾遇到过这样一个孩子：

虽然才上二年级，但这个孩子胆子很大，而且很有主见。有一次我留完作业后，他这样对我说："老师，我不想做这些作业。"

"为什么？"

"因为我觉得这些作业实在是太多了。"

听孩子这样说，我没有生气，而是这样对他说："没有关系，只要我留的这些生字你都会写了，这些作业你只做一半也没有关系。"

第二天，这个孩子的作业只做了一半多一点，但在听写生字时，他的准确率达到了 99%。所以，从此之后，我给了这个孩子一个特权，只要能把当天所学的知识都掌握了，作业做多少都可以。

是的，在一般情况下，老师让孩子做家庭作业的目的就是让他们掌握当天所学的知识。所以，只要他们能够牢固地掌握知识，他们学习时间的长短，以及所做的作业量都是次要的。所以，家长没有必要对孩子的学习表现得过分紧张，没有必要时时刻刻都催促孩子去学习。

我们都知道，一二年级是孩子对学习产生某种固有印象的重要时期，如果家长对学习表现得过于紧张，这将十分不利于孩子正确学习态度的形成。所以，如果你的孩子刚刚读一二年级，你不妨把"学习是过程，而不是目的"这种观念传达给他们。例如，在日常生活中，你可以这样对他们说：

※"如果你感觉很疲劳，你可以玩一会儿再写作业。"

※"如果今天所学的知识你已经掌握了，你的作业可以先放一放，放松一下再写。"

※"不要总让自己很累，掌握知识是重要的，学习时间长短是次要的！"

……

如果家长总是这样教育孩子，孩子就会真正掌握科学的学习态度——掌握知识是重要的，做家庭作业只是掌握知识的一种手段、一种途径。明白了这些道理后，孩子就不会出现应付家庭作业、应付老师、应付家长的情况了。

　　当然，在运用这一方法的过程中，家长还应该注意这样一点，一二年级孩子的自制能力是很差的，他们很有可能为了多玩一会儿就向老师撒谎。所以，为了检验孩子是否真正已经掌握了所学的知识，家长不妨给他们做一些简单的测试，如给孩子听写生字、出几道数学题让孩子来做等。这样，家长才能对孩子的学习情况和学习态度有全面的把握。

二 学习动机——让孩子明白，他在为什么学习

每次迎接一年级新生时，我都会这样问他们："你们为什么要上学呀？"每当这时，这些很稚嫩的声音常常会这样回答我：

"我们从幼儿园大班毕业了，所以来上学。"

"爸爸妈妈说我到了上学的年龄，所以我来上学了。"

……

我知道，对于这些理性思维还处于萌芽状态的孩子来讲，我问他们这个问题有些难为他们。但每次开班会时，我都这样告诉一二年级孩子的家长们："即使他们感觉有些难，家长也应该引导他们思考，因为只有拥有了正确的学习动机，孩子才会充满动力地去学习。"

当然，在很多时候，家长也常常会对我的观点提出疑问："现在孩子还小，让他们思考这么复杂的问题，他们也不会想明白。不如等他们稍微长大一点后，如他们上到三四年级，我们再引导他们思考这个问题。"

这一观点看似很有道理，但我要告诉家长们的是，正确的学习动机是孩子形成科学的学习态度，以及正确学习习惯的前提。到了三四年级，孩子的学习态度、学习习惯都将定型，如果我们在那个时候才去引导孩子思考自己的学习动机，将会难度增加很多。当然，如果家长在孩子读一二年级时就引导他们思考正确的学习动力，也许孩子在学习态度、学习习惯方面的不足就会少很多。

再退一步讲，作为成人我们知道，一个人的习惯，以及对一件事情的态度一旦定型，是很难改正的，对于这些意志力还有些薄弱的孩子来讲更是如此。

所以，由此我们可以得出这样一个结论：孩子越早形成正确的学习动机，他们才能越早体会到学习的真谛，才能越早形成科学的学习态度和良好的学习习惯。

提到孩子的学习动机，一位家长曾这样对我说：

我家孩子今年上一年级，他的学习动机就很简单，那就是物质奖励，如好玩的、好吃的、零花钱等。每次他不愿意做作业时，我都这样对他说："如果你去认真写作业，我就给你两角钱。"每当这时，孩子都会乐呵呵地去写作业。

这种方法我用了很多次，很好用。其实对于一二年级的孩子来说，他们的学习动机应该就是那些具体可见的物质奖励。

是的，从表面看来，这些还不太懂事的一二年级孩子是很容易满足的，只要能得到实实在在的好处，如零花钱、好吃的等，他们就会乐呵呵地去学习。但对于他们来说，这种物质性的学习动机又会持续多久呢？心理学家们所做的试验为我们揭晓了答案：

第一天，心理学家对一年级一个班的学生说："如果你们能认真地写满一页生字，我就给你们每人5角钱。"结果，所有的孩子都认真地写完了一页生字。

第二天，心理学家又对这些孩子们说："如果你们认真把这几道数学题做完，我就给你们每人4角钱。"结果，开始有孩子不满了："昨天还是5角呢，今天怎么少了？何况做数学题比写生字要难得多！"

接下来，心理学家给孩子们的金钱奖励越来越少。最后，当这些金钱奖励消失时，孩子们都愤怒了，他们集体"罢学"，再也不去做心理学家给他们分配的学习任务。

事实是这样的，一二年级的孩子们都喜欢物质奖励，但家长们绝不能用物质奖励来激发他们的学习动机。因为家长的物质奖励一旦减少或消失，就像心理学家所做的这个试验一样，孩子的学习积极性也会消失。所以，我从来不会用物质鼓励我的学生去学习，因为我知道这

种物质性的奖励所产生的学习动力并不会长久，而且在很多时候，它还能促使孩子原有的那些学习积极性消失。

读到这里，也许家长们会这样说："在上述心理学家所做的那个试验中，如果对孩子的物质奖励一直都不减少，那孩子的学习动力是不是就会一直持续下去呢？"

答案是否定的。作为老师，我很了解这些孩子，他们是不会知足的。即使给他们的金钱奖励没有减少，这些孩子们也会这样想："做数学题要比写生字难得多，为什么给我们的钱没有增长呢？""这些知识的难度越来越大了，为什么我们的钱还不涨呢？"……是的，在这种不知足心理的影响下，孩子们的学习积极性也会一点点地消失。

那么，对于一二年级的孩子来说，家长如何做，才能促使他们产生正确的学习动机呢？

方法一：精神鼓励增加，物质奖励减少

其实，孩子们的学习动机可以分为两大类：一类是由外在动力所产生的学习动机；一类是由内在动力所产生的学习动机。我们所说的物质奖励和精神奖励都属于激发孩子学习动机的外在动力。

生活中，大多数家长喜欢用物质性的奖励去激发孩子的学习动机。例如，他们常常这样对孩子说："如果你认真做作业，我就给你买玩具。""如果你能进前三名，我就带你去游乐园玩。"……

的确，在很多情况下，家长的这种物质性的奖励能促使孩子去学习。因为从孩子的感知发展来看，孩子最容易感兴趣的东西，是他们能够看得见、摸得着，以及能够吃得到的事物。所以，4岁以下的孩子对物质刺激很敏感，每当有物质奖励时，他们便会很合作。随着孩子年龄的增长，他们的精神世界逐渐丰富起来，一二年级孩子的自我意识已经萌发，他们常常在精神的世界里才能得到真正的满足。

所以，对于一二年级的孩子来说，促使他们形成正确的学习动机，家长应该增加对他们精神层面的鼓励,并逐渐减少对他们的物质奖励。

当我告诉一二年级孩子的家长们,不能过多的用物质奖励去激励孩子学习时,一位家长这样对我说:"我从来不会用物质奖励或精神奖励去激励孩子学习,我觉得这些小孩子就是欠打,你打他两下、吓唬他两句,他们就会乖乖地去学习了。"

有一点家教常识的家长都知道,这位家长的观点是不科学的,它将非常不利于孩子的心理和学习健康发展。

一位一年级孩子的家长讲述了这样一件事情:

周六的下午,儿子已经看了一下午电视了,真是一点自觉性都没有。于是我气呼呼地把电视关掉,并向他大喊道:"你再看电视,我就把电视机砸烂。"

也许是觉得自己理亏,儿子乖乖地去写作业了。但没过一会儿,他就捂着肚子对我说:"妈妈,我肚子痛。"我心想:这孩子真是不可救药了,为了逃避学习,什么花招都用! 所以我就没理他。

但又过了一会儿,我发现事情不对,儿子的表情很痛苦,而且额头上也在冒汗,我知道他是真的肚子痛。接下来的事情更令我感到惊奇,当我提出让孩子出去走走,休息一下时,他的肚子疼却莫名其妙地好了起来。

莫名其妙地肚子疼,又莫名其妙好起来,我真怀疑这孩子是不是得了"学习恐惧症"了!

的确,这个孩子真的是得了"学习恐惧症"。其实,生活中的很多孩子都或轻或重地会表现出"学习恐惧症"的症状。例如,周日晚上他们都会"茶不思、饭不想",对周一去学校表现得很担忧;每当家长让他们学习时,他们就会口渴,或者身体不舒服……其实,这并不是孩子在故意逃避学习,而是在那种情况下,孩子真的产生了那样的感觉。

读到这里,也许大多数家长会问,孩子为什么会产生"学习恐惧症"? 如何才能避免孩子产生"学习恐惧症"呢?

这还要从家长的暴力教育说起。在一般情况下，孩子之所以会产生"学习恐惧症"是因为在内心存在巨大的压力。

对此，心理学家给出的解释是，当孩子感到恐惧或受到威胁时，他们的身体和大脑就会作出反应，分泌出一种压力化学物质。在这种化学物质的影响下，孩子常常会感觉到呼吸不畅、口渴、身体不舒服等。以上述案例中那位家长的教育方式为例，如果他总是用恐吓和威胁的方式去强迫孩子学习，孩子的身体自然会感觉到压力，所以孩子出现肚子痛的现象是很正常的。

暴力的教育方式不行、物质奖励的方式也行不通，作为一二年级孩子的家长，我们如何才能激发起他们的学习动力呢？

每当有家长这样问我时，我都会这样回答：永远相信你的孩子有一个了不起的大脑，而且还要让孩子知道你的这种想法。其实就是时常对孩子进行精神方面的鼓励。

一位同事这样分享自己的经验：

如果我常常对一二年级的孩子这样说："如果不好好学习，你就不会有好的未来！"这不但不会使孩子形成学习动机，而且还会引发他们的厌烦情绪。因为他们的理性思维能力有限，他们往往只考虑眼前的事情，而不会关注对他们来说还很遥远的未来。所以，我一般不会用未来、理想等来激发孩子的学习动机。

在教学过程中，我常常用一些具体的问题来激发孩子的学习动机。例如，我会这样对某个学生说："我知道，你有一个非常聪明的头脑，这几道难题对你来说根本不算什么。"

又如，当某个孩子的考试成绩不理想时，我会这样对他说："这次考试成绩并没有把你大脑的潜能都发挥出来，这次成绩不算！"

……

令我感到高兴的是，我的这些话语不仅使孩子顺利地解决了当时的问题，而且还使他们带着很大的积极性去面对今后的学习。

其实，我的这位同事是在对孩子进行精神的鼓励，他相信每一个孩子都是聪明的、有潜能的。而事实也正是如此，任何一个孩子都希望自己是优秀的，都渴望他人能够欣赏自己。对于这些孩子来说，老师的精神奖励本属于外在动力，但这种外在动力却能够使他们坚信自己是优秀的。所以，在这个时候，孩子学习的动力就是：为了把自己的潜能都发挥出来，为了证明自己是优秀的。所以，此时孩子的学习动机已从老师对他们的鼓励，转化为了他们自己的内在动力。

这位老师激励孩子形成学习动机的这一过程，完全可以被家长借鉴到家庭教育之中。这就要求家长扔掉传统的教育观念，如，孩子不认真学习，家长就对孩子大讲道理；孩子在学习中出现了错误，家长就批评……当然，更重要的是，家长要在内心相信孩子，相信孩子是优秀的。

例如，在平常的生活中，家长可以这样鼓励孩子：

"你小时候我给你测过智商，心理学家说你属于那种智商超常的孩子。"

"你所取得的这些成绩都证明了这样一个事实：你有一个了不起的头脑！"

"用一用你大脑中丰富的智慧吧，这点小问题对你根本不算什么！"

……

当然，家长在对孩子进行这些精神鼓励的同时，也可以偶尔对孩子进行一次物质奖励。这样，以精神鼓励为主、物质奖励为辅，孩子正确的学习动机很快就会形成。

方法二：让孩子明白，他在为谁学习

"你为什么要学习？"如果我们问现在这些一二年级的孩子，他们肯定会给出五花八门的答案：

"为了让老师和家长高兴！"

"为了不被别人看不起！"

"为了自已能有一个好未来！"

……

从孩子们的这些回答中，我们可以看出这样一个问题，他们好像是为了别人才学习的。当然，孩子们可能也会这样说："为了自己能有一个好未来，为了将来能够生活得好一些！"但作为老师，我了解这些孩子，在一般情况下，这些一二年级的孩子是很少有未来意识的，即使他们能够说出这样的话，这也不是他们的真心话。这只能算作是他们记住的一句漂亮的话。

其实，在一二年级这个年龄段，孩子可以不知道他们为什么而学习，但他们必须知道，他们在为谁而学习。

在生活中，很多家长的教育方式常常会使孩子产生这样的错觉：我正在为家长或老师而学习。在这种错误感觉的影响下，孩子常常会做出对学习不负责任的行为。如，他们总是用消极懒散、磨磨蹭蹭的态度对待学习。在这种状态下，孩子是不会产生正确的学习动机的。

一位家长曾伤心地向我述说：

自多孩子入学之后，我就放弃了看电视和娱乐的时间，每天都陪着他写作业，给他检查作业……总之，我把心思几乎都用在了他的学习上面了。

但这孩子太不求上进了，就是我整天这样盯着他，他都不好好学。他总是趁我不注意玩玩小玩具，或者趴在桌子上睡一会儿……我就不明白，难道他一辈子都让我盯着，他才肯学习吗？

这位家长的心情我们可以理解，她很明白，自己不可能一辈子盯着孩子学习。但在教育孩子学习的过程中，她的第一步就走错了。如果她天天陪着孩子做作业，还天天为孩子检查作业，那孩子不可避免地就会产生这样一种思想：我在为家长而学习。在这种思想的影响下，孩子那种消极对待学习的态度都是很正常的。

所以，从孩子刚入学之时起，家长就应该明确地向孩子传达这样一个观念:你不是在为家长而学习,也不是在为老师而学习。

关于这一点,一位家长做得非常好,以下是她的原话:

孩子忘记写作业被老师批评,放学回家后非常不高兴。

看着孩子不开心的表情,我把他搂在怀中,抚摸着他的头说:"你知道老师为什么批评你吗?"

"因为我没写作业,老师不高兴。"

"不对,他是为你好才批评你。你这样想一想,如果你是老师,你的学生没有写作业,你会有什么损失吗?学校不给你发工资?还是会挨校长的批评?"

"都不会。"

"所以,你写不写作业跟老师没有关系,因为你不是在为老师学习。"

孩子想了一会儿,终于认真地点了点头。

看到孩子开窍了,我继续对他说:"你不是在为老师学习,也不是在为我和爸爸学习。我们不会催促着你去写作业,所以,如果你总是忘记写作业,你就经常会挨老师的批评。"看着孩子那快速转动的眼珠,我知道他已经意识到主动学习的重要性了。

当然,这个时候,我仍然充满爱意地对孩子说:"在你学习的过程中,爸爸妈妈也正在学习,如果你有自己解决不了的问题,爸爸妈妈会帮你的。"

一二年级的孩子还正处于爱玩的年龄,而且他们的自制力是很差的,在没有家长提醒的情况下,他们常常会因为玩而忘记做作业。但如果家长总是频繁地催促孩子去学习,这又很容易使孩子产生错觉,使他们认为自己是在为家长而学习。所以家长最科学的做法就是——提前给孩子打"预防针",让孩子明白,他在为自己而学习。就像上述那位家长所说,在需要的时候,我可以给你提供帮助,但我不会一直催促着你去学习。在这种情况下,孩子一般都会懂得,自己要为自己的行为负

责，如果忘记写作业，自己就会学不到知识，就会被老师惩罚。所以，在这种教育方式下，孩子就会明白，他们不是在为老师或家长而学习。

此外，如果家长细心观察，生活中的很多情况都可以转化为孩子的内在学习动机。

一年级的小朋对各种各样的昆虫很感兴趣，于是妈妈这样对他说："如果你能成为昆虫学家，你就可以天天研究这些可爱的小虫子了。"

"那怎样才能成为昆虫学家呢？"

"专家们说，成为昆虫学家有两个条件：一是对昆虫感兴趣，这一点你已经具备了；二是只有大学里才开设昆虫研究的课程……妈妈耐心地给小朋解释道。

从那以后，小朋学习有了一个巨大的动力——好好学习，念到大学，以更加深入地研究昆虫。

在一二年级这个年龄段，孩子可能会没有理想，但他们肯定会对某些具体的事物感兴趣。例如，对电很感兴趣、对某种动植物很感兴趣、对某些玩具很感兴趣等。在这些情况下，家长不要认为这是孩子的一时兴起，其实，经过家长的正确引导，这很有可能就会转化为孩子的内在学习动力。就像上述事例中那位家长的做法，通过对孩子兴趣的引导，孩子不仅有了内在的学习动力，而且还有了一个成为昆虫学家的梦想。

读到这里，也许家长们又会提出疑问："孩子的兴趣总是在变化，我们应该引导他们的哪一个兴趣呢？"

其实，引导孩子的哪一个兴趣并不重要，重要的是，家长要向他们传达这样一个观念：学习是他们更好地发展兴趣的唯一途径。例如：

如果孩子对变形金刚感兴趣，家长可以这样引导他们："如果你认真学习，总有一天你会成为制造变形金刚的专家。"

如果孩子对电很感兴趣，你可以这样引导他们："在你没有掌握足够的知识之前，电是一种令你恐惧的东西，但当你掌握了足够的知识，它就会成为你的奴隶,从而心甘情愿地为你服务。"

……

在这种情况下,我们是在对孩子的兴趣进行转化,它们会转变成孩子的内在学习动机。当然,在这种情况下,孩子再去学习,他们就能深刻地感受到,他们正在为自己而学习。

方法三:根据孩子的归因方式激发他们的学习动机

一二年级的孩子年龄虽小,但他们的自我意识已经有所发展了,也有了一定的理性思维能力。所以,在这一时期,家长不能还把他们当做小孩子来看待,而是应利用他们自我意识和理性思维的发展,引导他们积极地去思考自己的学习动机。

那么,我们应该如何判断孩子是否拥有正确的学习动机呢?其实,这很简单,当他们的考试成绩公布后,我们就可以很明确地判断出。

在多年的教学过程中,每次考试成绩揭晓后,我发现孩子们会自动分成两个派别:"积极派"和"消极派"。"积极派"的成员会这样说:

"看来我前段时间的努力见成效了,我的成绩终于前进了一些!"

"成绩还是没有前进,看来我还是不够努力,接下来我需要比以前更加努力!"

……

而"消极派"的成员则会这样说:

"这次成绩没考好是因为老师出的题太难了!"

"我的运气太好,这次我竟然考了个满分!"

……

通过"积极派"和"消极派"的对比我们可以得出,"积极派"的成员懂得,良好的成绩来自于自身的努力;而"消极派"的成员则认为是否能够取得好成绩,与老师出题的难易程度,以及自己的运气有关。

我曾有意地问过这些"积极派"的成员:"你们总是强调努力学习

的重要性，你们为了什么而努力学习呀？"

"为了能成为一个优秀的人！"

"为了能快些掌握知识，快些实现自己成为科学家的理想！"

……

从这些孩子们的回答中，我了解到，他们之所以会以积极的态度对待学习，是因为他们拥有正确的学习动机。而通过与那些"消极派"成员的接触我发现，他们之所以以消极的态度对待学习，是因为他们在学习方面没有动力，他们是盲目的。

由此我们也更加验证了上述所提出的观点：从孩子的归因方式中就可以判断出他们是否具有正确的学习动机。一般情况下，如果孩子把成绩的好坏归结为自身的努力，这在一定程度上说明这些孩子拥有正确的学习动机；但如果孩子把成绩的好坏归结于自身之外的原因，如出题的难易程度、运气的好坏等，这说明这些孩子不能正确地认识学习，他们缺乏学习动机。

其实，一二年级的孩子最容易产生消极的归因方式。孩子刚入学时都有很高的自我期望，总会认为自己会一帆风顺地取得成功。因为在入学之前所有人的鼓励都让他们对自己充满了信心。但实际的学习过程并不是一帆风顺的，开始时，当孩子遇到挫折，他们往往就会将其归因于坏运气或任务太难。渐渐地，在重复经历多次失败之后，他们往往就会把失败的原因归结于自身，认为是自己天生就无能，由此孩子往往会产生一种无助的感觉。在这种感觉的支配下，孩子便不愿再去学习，再也不想去尝试了。结果孩子就进入了这样一种恶性循环：失败——认为自己缺乏能力——产生失落感——继续失败。

所以，在一二年级时，如果孩子总是表现出消极的归因方式，例如，他们常常会抱怨老师、抱怨自己的文具不好用、抱怨学习环境不好等。那家长就应该格外注意了，为了避免孩子陷入上述的恶性循环中，家长应该为他们提供相应的帮助。当然最重要的就是，加大力度引导他们思考自己的学习动机。

具体来讲，大家可以借鉴这位家长的做法：

孩子成绩没考好，回家后他这样对妈妈说："妈妈，这次考试老师出的题太难了，所以我没考好。"看到妈妈没有反应，他继续说："不信你问问我们班其他同学，他们好多都没有考好。"

听孩子这样说，这位妈妈严肃地对他说："妈妈不关心别的同学有没有考好，妈妈也希望你不要总跟那些没考好的同学比。"停了停，她语气有些缓和地对孩子说："你仔细想一想，这次没考好仅仅是因为老师出题太难吗？这是不是与你平时不努力学习有很大关系呢？"

孩子低下了头。妈妈继续对他说："其实你的脑子很聪明，并且在数学方面很有天赋，你看上次老师让你们做那些数学趣味题，不是数你做得好吗？"看着孩子惊讶的表情，妈妈抚摸着他的头说："你再用点心，妈妈敢保证，你的成绩能提高一大截。"

听妈妈说完这些话，孩子好像忽然醒悟似的对妈妈说："妈妈，我下次会努力的！"

读完这个案例，家长们都会佩服这位妈妈的说服技巧。其实这不仅仅是说服技巧的问题，这位妈妈之所以能够顺利地说服孩子，是因为她了解一二年级孩子的心理。每个孩子都希望自己的学习成绩是优秀的，这些入学不久的一二年级孩子更是如此。但当他们的学习成绩确实不优秀时，他们就会努力地寻找理由来证明自己的能力。另外，他们还常常会与那些成绩不如自己的孩子相比，以使自己得到心理安慰。这仅仅是孩子证明自己以及说服自己的一种手段，其实他们内心仍然是渴望优秀的。

上述案例中的那位妈妈就抓住了孩子的这种心理，孩子渴望优秀，她就列举孩子的优点，让孩子相信自己是优秀的。当孩子的心理得到满足之后，她又指出孩子的缺点，也就是说，为孩子指出今后努力的方向。在这种情况下，孩子就会满怀信心地向着明确的方向努力了。也

就是在此时，孩子已经找到了努力的理由，也就是找到了正确的学习动机。

所以，如果你的孩子在学习中总是不主动，或者在学习的过程中总会抱怨这、抱怨那，你不妨学习这位妈妈的做法，引导孩子去发现自己的优点，让他们明白自己是有学习潜能的；同时让他们认识到自己的不足，从而能向着更明确的目标去努力。当孩子真正理解了这些时，他们就已经找到了正确的学习动机。

第 四 章

1-2年级,孩子学习能力
养成的关键期

一 学习习惯——让孩子打好漫长学习生涯的
 "地基"

二 学习方法——让孩子因巧妙的方法而取胜

三 学习模式——学习模式不同,家长的教育
 方法亦不同

在给一二年级孩子的家长开家长会时，我一直都在强调孩子学习能力培养的重要性。然而，很多家长常常表现得很迷茫，因为他们根本不知道孩子的学习能力具体是指什么。

那孩子的学习能力具体是指什么呢？

家长们可以与我一同分析这样一种现象：很多孩子在一二年级，或者在小学阶段，学习成绩很棒，但到了初中、高中，他们的学习成绩会忽然跌落。为什么会出现这种现象呢？

很多家长常常把孩子成绩跌落的原因归结为孩子的学习态度。他们认为，到了高年级，孩子面对的诱惑大大增加了，面对如此多的诱惑，孩子分心了，不认真学习了，所以他们的成绩才会下降。

从表面看，家长的话很有道理，他们所提到的这个原因也很重要。但在多年的教学过程中，我却发现，到了高年级，孩子的学习能力才是决定他们学习成绩的最主要因素。

我们可以举这样一个例子，在平时的学习过程中，有些孩子很细心，而有些孩子却很粗心；有些孩子有提前预习、课后复习的学习习惯，而有些孩子却把这种习惯看作是一种负担……其实，孩子们成绩之间的差距就是由此而拉开的。

我们都知道，小学一二年级的知识是很简单的，一般情况下孩子们都能取得不错的成绩。但随着知识难度的增加以及学习任务的加重，到了高年级情况就完全不同了。如果孩子没有良好的学习习惯、没有科学的学习方法，他们是很难取得好成绩的。因此，对于任何孩子来说，学习习惯、学习方法都是他们最重要的学习能力。

我们知道，一二年级是孩子学习生涯的开端期，也是孩子学习习惯、学习方法开始形成的重要时期。如果孩子在这一时期养成了良好的学习习惯，掌握了科学的学习方法，那孩子一般都可以顺利地走过学习生涯中的种种"沟沟坎坎"；但如果在这一时期，孩子拥有的是不良的学习习惯，以及不科学的学习方法，那到了高年级，即使孩子再努力，他们往往也只能取得事倍功半的效果。由此我们可以说，一二年级是培养孩子学习能力的关键期。

此外，在多年的教学过程中我还发现，每个孩子的思维模式以及反应模式是截然不同的。也就是说，遇到同样一件事情，他们的想法以及行为有可能是完全不同的。也正是因为这种思维模式和反应模式的不同，孩子的学习模式也是完全不同的。

例如，就拿孩子做家庭作业来说，有的孩子需要家长给他们规定做作业的时间，而有些孩子却喜欢自己决定什么时候去做作业，否则他们就会拒绝做作业。其实这反映的就是孩子们不同的学习方式。

如果了解了孩子的学习模式，那家长就能用孩子最乐意接受的方式去引导孩子学习，这样久而久之，主动学习很有可能就会成为他们的一种习惯。所以也正是在这种意义上，我们可以把学习模式也看作是孩子的一种学习能力。

一 学习习惯——让孩子打好漫长 学习生涯的"地基"

看到这个题目，肯定有家长在想："孩子才上一二年级，有必要注重培养学习习惯吗？"

作为老师，我要告诉家长们的是，不但有必要，而且十分有必要。在孩子漫长的学习生涯中，一二年级是一个很重要的开端。如果把孩子的整个学习生涯比作一幢高楼大厦，那一二年级就相当于这幢高楼大厦的地基。如果地基打不好，不管这幢大楼多么高，它都不会牢固。

对于孩子们来说，他们身上的学习习惯就相当于构成地基的材料，如钢材、水泥等，作为家长我们可以这样想象一下，如果构成地基的这些钢材和水泥都是次品，那用他们盖起来的大楼能牢固得了吗？

家长肯定都会摇着头表示否定。其实，孩子们的学习的养成和打地基是同样的道理，如果他们从一二年级就养成了一身坏习惯，如，不准时完成作业、拖拖拉拉、马虎大意等。家长们可以想象一下，在这些坏习惯的影响下，他们能够顺利走完学习生涯吗？

作为执教多年的老师，在我所教过的学生之中，不乏成绩优异者。通过对这些优秀学生的成长经历进行研究，我惊奇地发现，在小学一二年级时，他们的成绩并不一定突出，但他们有很大一个共同点，那就是都具有良好的学习习惯。

现在我还清楚地记得发生在这个孩子身上的一件事情：

每天下午的最后一节课，我都会让孩子们自己写作业，并且允许他们写完作业后就可以自由阅读或做些自己喜欢的事情。那是一个下雨天，最后一节课雨刚刚停，我就对孩子们说："今天可以不在学校写作业,可以回家去写。"

听了我的话,那些早就盼着回家的孩子们立刻欢呼起来,但当大部分孩子都走后,这个孩子仍然在写作业。于是我走过去问他:"你为什么不着急回家呀?"

没想到这个孩子竟这样回答我:"每天都是写完作业后才回家,今天也不能例外。"

一个一年级的孩子就有如此强的自制力,我当时就预感这个孩子将来会有大出息。果然,现在这个孩子已经考入了清华大学。

现在大多数的家长都非常注重孩子的学习,他们总是想方设法让孩子提高学习成绩。但我要告诉家长们的是,在一二年级这个关键期,家长们要求孩子考多么多么好的成绩是没有用的。也许正是由于家长催得太紧、逼得太紧,孩子很有可能就会对学习产生反感。

所以,我常常告诫那些一二年级孩子的家长,只要孩子学到了应学的知识,不要太关注孩子的学习成绩。当然,每当这时,还常常有家长会这样问我:"不关注孩子的学习成绩,那关注什么呢?"

其实,在一二年级这一阶段,家长最应关注的是孩子的学习习惯。我们都知道,习惯一旦形成,是很难改变的。如果孩子在一二年级就养成了不良的学习习惯,那这种不良的习惯很有可能就会伴随他一生;但如果孩子在一二年级就养成了良好的学习习惯,孩子很可能就会在这种好习惯中受益终身。就像上述案例中的那个孩子,从小就懂得自我控制,从小就懂得善始善终,我们可以这样说,他身上的这些好习惯,绝对是他取得成就的巨大推动力。

那么,作为一二年级的家长,我们应该如何才能帮助孩子养成好习惯,打好学习这幢"高楼大厦"的"地基"呢?

确切来讲,家长应该从孩子学习过程中的那些小细节入手。例如,很多孩子写字时的姿势不标准、用眼方式不正确等。从这些小的细节入手,采用这个年龄段孩子可以接受的方法,他们一般都会改掉坏习

惯,养成好习惯。

一位家长这样分享经验:

我家儿子从入学开始就不注意用眼卫生,每天趴在桌子上写作业。我曾提醒过他很多遍,刚提醒的时候,他注意了一下,但没过几分钟,他又趴着写作业了。

于是,我在书上找了一个小故事,剪下来贴在孩子的书桌上。没想到这个方法真管用,没过多久,孩子真的懂得保护眼睛了。

这个小故事是这样讲的:有一次,两只眼睛趁8岁的主人睡觉时突然逃了出来。眼睛出逃,这是多么可怕的事情呀,那这个小男孩就永远也看不到光明,永远也看不见爸爸妈妈、爷爷奶奶,以及老师同学们了。但这两只眼睛到底为什么出逃呢?

原来,这个小男孩得罪了这两只眼睛。

"自由了,终于自由了!"一只眼睛边跑边喊。但另一只眼睛却怎么也高兴不起来,它还惦记它的主人,它知道,没有它们,主人将永远陷于黑暗和痛苦之中。

另一只眼睛看穿了同伴的心思,它这样劝着同伴:"想想他以前是怎样对我们的吧:晚上睡觉还躺着看书;写字离本子那么近,都快贴在本子上了;做眼保健操还不认真,有时甚至不做……我们都被他害成了近视,难道你还想让咱们的视力一点点下降吗?"

案例中的这位家长就非常了解一二年级孩子的心理。他懂得这一阶段的孩子喜欢听故事或读故事,所以,他把保护眼睛的重要性融入小小故事之中。一二年级的孩子就是这样的,也许家长给他说过上百次、上千次保护视力的重要性,他们也会不当一回事。但如果家长把这些重要性以小故事的形式呈现给孩子,家长所要表达的含义往往就能深刻地融入孩子的内心。

所以,由此我们也可以得出,家长在改正孩子学习上的坏习惯、培养好习惯的时候,还要把握这一阶段孩子的心理,要努力采取他们乐意接受的方式。

在与家长们接触的过程中,我发现有不在少数的家长抱有这样的心理:孩子不懂得用眼卫生,这简直是微不足道的小事。

在这里,我要告诉家长们的是,对于一二年级的孩子来说,任何细小的习惯都是关乎他们将来学习发展的大事。孩子总是趴在书桌上写字,这体现的不仅是一种不好的学习习惯,更是一种懒散的学习状态。用这样的状态对待学习,学习效果自然可想而知。

其实,大多数的学习习惯都是与学习状态联系在一起的:

孩子马虎、做完作业后不检查,这些都是孩子学习态度不认真的表现;

孩子没有预习、复习的好习惯,这说明他们还没有进入良好的学习状态;

……

所以,家长纠正了孩子在这些细节上的坏习惯,其实也是在培养孩子的学习能力。

具体来讲,家长可以用以下几种方法来帮助孩子纠正坏习惯、养成好习惯:

方法一:在孩子坏行为出现的"萌芽状态"多下工夫

在多年的教学研究中我发现,孩子不良习惯的养成与第一次不良行为未能得到及时纠正有很大的关系。如果孩子的第一次错误行为没有得到及时纠正,甚至还得到了默许,那以后家长再想纠正他们这种错误行为,就会难上加难。

一位家长曾对我讲过这样一件事情:

女儿在刚刚学习写字时,她用整把手攥着笔写字。开始时,我没有太在意,心想:只要孩子把字学会就可以了,孩子刚开始学写字就数落她的毛病,会打击孩子的积极性的。

但没过多久我发现自己错了，因为从那之后，只要我让孩子写字，她就会满把手攥着写。于是，我下决心在一段时间之内，改掉孩子这种坏习惯。结果，孩子养成这个坏习惯才用几天，但我却用了将近4个月才让孩子改掉这个坏习惯。

的确，事实就是这样的，对于这些正在形成习惯的孩子来说，他们坏习惯的形成也许只用几天，但这种坏习惯的改掉却往往需要几个月。

读到这里，也许有家长要问了："孩子坏习惯的养成这样容易，是不是好习惯的养成也会这样容易呢？"

答案是肯定的。一二年级是孩子们习惯的形成期，不管是好的行为还是坏的行为，往往是重复几次，就会成为孩子的习惯。当然，如果家长忽视孩子坏行为出现的第一次，在孩子今后的学习过程中，这种坏行为就会恣意蔓延。同样的道理，如果孩子好习惯出现的第一次，家长能够鼓励或表扬孩子，那孩子就会因为获得满足感而继续保持这种好习惯。

由此我们也可以得出，"第一次"对于孩子坏习惯的纠正和好习惯的培养都是极其重要的。

在与一二年级孩子家长接触的过程中，很多家长常常苦恼地向我抱怨："孩子坏习惯出现的第一次我都耐心教他如何去改正了，但他现在的状态是，明知道是坏行为，还偏偏去做。我真不知道该如何去教育他了！"

的确，在孩子学习的过程中，家长常常会遇到这样的难题。就拿课前预习来说，孩子明明知道课前不喜欢预习是坏习惯，他们心里很明白，就是不着急去改正。

大多数家长对孩子的这种表现都不满意，他们都在急切地想帮助孩子改掉这些坏习惯。但我要提醒家长们的是，在寻找应对孩子这些坏习惯的对策之前，先要了解孩子这种不着急心理出现的原因。

关于这种不着急心理，一个二年级的孩子是这样说的：

以前，每当我写作业不认真时，妈妈常常会这样说："如果你认真写作业，我周末就带你去游乐场玩。"现在，很多时候我都懒得去认真写作业，我觉得那样太累，每当妈妈批评我时，我都会这样想："反正我又不想去游乐场玩，所以我就可以不认真写作业。"

还有，每当周末的时候，我都想玩而不想写作业，这时，我都会这样求妈妈："妈妈，你就让我玩一次吧，就一次，明天我绝对写作业。"在我的哀求下，妈妈常常会心软答应我的要求。所以，当我又不想写作业时，虽然我心里会有点不舒服，但我会这样对自己说："连妈妈都肯原谅我，我自己还为什么跟自己过不去！"这样，我就可以心安理得地玩了。

这个孩子说出了所有孩子的心声。面对坏习惯，他们之所以不急着去改正，是因为在家长行为的影响下，他们已经学会寻找理由来安慰自己，使自己那种愧疚的心理得到安慰。

其实，从这个孩子的讲述中，我们也可以发现家长在对待孩子不良行为上的两种错误做法：

一是试图用奖赏来制止孩子的错误行为。

用奖赏来制止孩子的不良行为，虽然当时孩子有改正这些不良行为的动力，但在此过程中，孩子一般不能从中汲取教训，而且他们还会产生这样的心理：我再犯错，无非是得不到奖赏而已。所以我们可以这样说，是家长对待孩子不良行为的错误态度，决定了孩子会把这种不良行为继续。

二是在纠正孩子的不良行为时常常放弃原则。在改正不良行为的过程中，所有的孩子都会在不同程度上表现出惰性和痛苦，在这种情况下，他们常常会哀求家长放宽要求或是放弃原则。就像上述案例中的那个孩子所说的，就玩"一次"，然而，如果家长在这"一次"中放弃原则，那在纠正孩子坏习惯的过程中，所有的原则都将对孩子不起作用。因为在以后的学习过程中，孩子常常会产生这样的心理：连家长都会为我放弃原则，我为什么还总跟自己过不去！在这种心理的影响下，孩

子的坏习惯永远也不会改掉。

那么，具体来讲，家长应该如何帮助孩子克服这些坏习惯？

其实，对于这些一二年级的孩子来说，他们的那些不良习惯还处于萌芽期，所以，只要家长对他们严格要求，他们的这些坏习惯很快就会改掉的。

当然，在这种情况下，家长一定要在"原则"问题上严格把关。

一位家长是这样总结经验的：

儿子上一年级时，在与他商量之后，我给他定了这样一条规矩：回家后玩半个小时就写作业，作业做完之后，全家人才能开饭。刚开始，儿子小心翼翼地遵守着这条规定，但时间一长，他便有点放松了。一次放学后，他忍不住跟小伙伴出去玩，玩到天黑才回家。

那天，儿子写作业时我一直陪在他身边，故意不去厨房做饭。最后，儿子实在忍不住了对我说："妈妈，我作业快做完了，你去做饭吧。再说你和爸爸应该也饿了呀！"

我心平气和地对他说："制定的规则就要遵守，一次也不能例外，为了惩罚你，今天等你做完作业后妈妈再去做饭。"

结果那天我们全家8点多才吃上饭，让儿子领教了遵守规则的重要性。从这以后，儿子养成了回家后就做作业的好习惯。

在孩子学习习惯的养成方面，家长就应该坚持"一次也不例外"的原则，这样孩子才能意识到规则的重要性。就像上述案例中的这种情况，如果妈妈放弃了原则，允许孩子在没有做完作业的情况下吃饭，那这个孩子今后很可能就会常常因为玩而忘记回家写作业。但这位家长是明智的，她不仅坚持了原则，而且有意识地让孩子明白了坚持原则的重要性。这就等于把孩子"不遵守原则"的坏习惯扼杀在了萌芽状态。

方法二：在纠正孩子坏习惯的过程中注入情感和欣赏

在与一二年级的孩子们接触的过程中，我发现很多孩子在改正坏习惯时表现得很痛苦,而有些孩子却表现得非常轻松。为什么会出现这样大的差异呢? 在教学的过程中,我对这个问题有了更深的感悟。

一次,我正在给二年级的一个班级上课。课刚上了半个小时,有些孩子就已经坐不住了,他们开始东张西望,或在下面做小动作。

以前遇到这种情况,我一定会把这些开小差的孩子狠狠地批评一顿。但那天,我没有批评他们,而是这样对他们说:"连续听了半个小时的课,同学们的确有些累了,老师也应该让你们休息休息了。但现在还有一道练习题没有完成,我相信同学们很快能把它做好,现在开始做,做完了就趴在课桌上闭着眼睛休息。对于做得又快又对的同学,老师会摸摸他的小脑袋瓜的。"

听完我这样说之后,那些开小差的孩子也认真地做起题来,做完了就乖乖地趴在那里。我知道,他们是希望老师能够爱抚地摸摸他们的脑袋瓜。

是的,在很多时候,对于改正孩子的坏习惯来说,对孩子的爱抚和欣赏,往往要比严厉的斥责和惩罚要有效的多。就像上述案例中,如果我批评那些开小差的孩子, 这只能使他们的心情更加急躁和沮丧,在这种心情下,他们也就根本没有办法静下心来做最后那道练习题。但幸亏我懂得这些孩子们的心理, 他们渴望得到成人的爱抚和欣赏,所以,为了能够让老师摸摸自己的脑袋瓜,他们会尽自己的最大努力去做最后那道练习题。

在多年的教学过程中我发现,家长的斥责和惩罚在促使孩子改正坏习惯方面所起的作用并不大。家长们可以回想一下,在孩子读一年级时,如果我们总是批评孩子的字写得潦草,那他们的字会越写越潦草。为什么会出现这种现象呢?

其实,对于大多数一二年级的孩子来说,他们也想把字写好,但由于他们的能力有限,所以他们的字总会写得七倒八歪。在这种情况下,如果家长总是批评、指责他们,这些年龄尚小的孩子就会产生强烈的

紧张感。在这种紧张感的影响下，他们的手就会变得越来越不听使唤，所以，他们的字会越写越潦草。

然而，如果家长懂得对孩子进行情感爱抚，或者懂得欣赏孩子，那孩子的表现就会大不相同。一位聪明的妈妈是这样做的：

女孩刚上一年级，她写字很不认真。妈妈批评过她很多次，但她还总是把字写得七倒八歪的。于是，这位妈妈改变了策略。

一次，在检查女儿的作业时，这位妈妈惊奇地指着一个字对女儿说："女儿，你看，这个字你写得多工整呀，横平竖直的，妈妈最喜欢这个字了。"

女儿惊喜地欣赏着自己写的那个字，就像欣赏一件艺术品一般。令这位妈妈欣喜的是，从那之后，女儿作业本上所有的字都渐渐变工整了，而且，孩子还逐渐养成了认真写字的好习惯。

我们之所以说这位妈妈聪明，是因为她懂得教育孩子的艺术，她懂得用欣赏孩子的方法帮孩子改掉坏习惯。

在教育界中，很多专家把类似于这位妈妈的做法，看做是纠正孩子坏习惯的一种固定方法，即正强化法。这位妈妈的方法之所以会对孩子生效，是因为它符合孩子的心理。每个孩子都渴望得到家长的欣赏而不是批评，这位家长正是从孩子的这种心理出发，去认同孩子、欣赏孩子，给孩子一定的信心和动力，所以孩子才会一点点把坏习惯改掉。与那种批评惩罚的方式相比，这种方法既使孩子自愿改掉坏习惯，又使孩子改掉坏习惯的这一过程显得特别轻松。当然，在这一过程中，家长对孩子的认同和欣赏起到了决定作用，所以，我们与其把这种方法叫做"正强化法"，不如叫它"情感认同法"或"欣赏法"。

在孩子的学习过程中，在很多情况下，家长都可以运用这种方法帮助孩子纠正坏习惯：

当二年级的孩子用"应付"的态度对待日记，把日记记成"流水账"时，家长可以帮孩子做一个"精品语录"，把孩子日记中那些好的句子、词语记录在这个"精品语录"里；

如果孩子粗心的坏习惯总是改不掉，家长不妨表扬一下孩子在学习中的细心表现，例如，"与以前相比，现在你细心多了。看，这次就没有忘记在得数后面加上单位。"

方法三：父母教育意见统一，孩子的好习惯才能养成

很多家长常常这样向我抱怨："我家孩子就是个'小人精'，每当我纠正他的坏毛病时，他要么拿他爸爸的话来压我，要么拿他爷爷的话来压我……总之，他总会找出理由来拒绝改正自己身上的坏行为。"

其实，家长们的这些语言反映出很大一个问题：家庭成员的教育意见不统一。家长们不要认为这是小事，这往往会在很大程度上助长孩子的坏习惯。

一位家长曾这样讲述过：

孩子入学不久，我决定让孩子放学回家后先写作业，然后再玩，但听我跟孩子这样说，我先生立刻反驳我道："孩子在学校学了一天了，你就让他玩一会吧！"结果有好多次，孩子玩得得意忘形，忘了时间，最后到很晚才写完作业。

有段时间孩子迷恋上了电脑游戏，一回家就凑在电脑前，我教育他说："这么小的年龄就迷恋网络游戏是不对的。"但我先生又当着孩子的面反驳我说："只要不过分迷恋，适当玩玩游戏也是有好处的。"先生的话自然深得儿子的喜爱，于是，每当我教育孩子不要玩电脑游戏时，他都会这样对我说："爸爸说了，适当玩玩电脑游戏是有好处的。"结果，孩子常常会因为玩电脑游戏忘记做作业，或总是用应付的态度对待作业。

通过这位家长的讲述我们知道，家庭成员的教育意见不统一，对孩子学习习惯的影响是非常巨大的。

作为成人我们知道，当我们有一只表时，我们可以自信地说出时

间，但当我们拥有两只时间不统一的手表时，我们往往就不能自信地告诉别人准确的时间。这就是心理学中著名的"手表效应"。

其实，对于这些一二年级的孩子来讲更是如此。他们的想法很单纯，好坏的评判标准也很简单。如果他做了一件事得到了妈妈的肯定，但却遭到了爸爸的否定，他就会变得无所适从。时间久了他很可能就学会钻空子，一旦有不良行为出现时，他常常会寻找爸爸或妈妈做自己的"靠山"，为自己开脱责任。

就像上述事例中的孩子，当妈妈要求他写作业时，他就会用爸爸的话来为自己开脱："爸爸说了，我可以先玩一会儿。"当妈妈制止他玩电脑游戏时，他还会用爸爸的话来为自己开脱："爸爸说了，玩电脑游戏对我是有好处的。"就这样在不知不觉中，孩子在学习上的恶习会越来越多。

所以，家庭成员在帮助孩子改正坏习惯的过程中，一定要提前沟通，提前统一内部意见。

一位家长是这样讲述的：

前段时间，我家女儿养成了一个习惯，一边吃零食，一边写作业。没有零食，她往往就会拒绝写作业。我觉得女儿的这种习惯不好，因为吃零食会分散她的注意力，这会使她作业的质量降低。但是父亲的意见正好与我相反，他说，如果零食能够使她安静地坐下来写作业，吃些也是可以的。

因此，每当我让女儿写作业时，她都会跑到爷爷的房间去，因为爷爷早就给她准备好了零食。我提醒过父亲很多次，但他总是不理睬我的意见。后来，我决定从女儿身上下工夫。

一天晚饭后，我对女儿说："如果你今天写作业时不吃零食，我就会在你的表现表上贴上两颗五角星。"女儿知道要得两颗五角星非常不容易，于是她想了想便答应了。渐渐地，在我的引导下，女儿逐渐也忘记了写作业时要吃零食这件事。

接着，我开始做我父亲的工作了。找了一个合适的机会，我这样对父亲说："我们都希望孩子能养成良好的学习习惯，所以我们的目标是一致的。现在就写作业时吃零食这件事，孩子已经开始接受我的做法了，希望你能支持我。"

父亲接受了我的思想和做法。就这样，没用多久，女儿写作业时吃零食的坏习惯就改掉了。

是的，在教育孩子的过程中，上一辈人的思想常常会与我们的思想发生冲突。在这种情况下，爷爷奶奶、姥姥姥爷很容易就会成为孩子的"靠山"，孩子坏习惯的"庇护者"。我们知道，老人的心是好的，但他们的行为却十分不利于孩子的成长。所以，在这种情况下，作为孩子的父母，我们最应该做的就是，在孩子不在场的情况下，心平气和地与老人沟通，只要让老人了解到两辈人的教育目的是一致的，他们很快就会支持我们的做法。

当然，上述案例中的这位家长之所以能够成功，还因为他做到了两点：

一是他采用了孩子乐意接受的方法。一二年级的孩子是渴望精神奖励的，所以，当得知放弃吃零食能得到两个五角星时，孩子是非常乐意去尝试的。

二是这位家长选择的与老人沟通的时机是正确的——在孩子不在场的情况下。一二年级孩子的判断是非的标准是很模糊的，他们不管真正的对与错，只要对他们有利的，他们就会觉得是对的。例如，如果爷爷不反对他在写作业时吃零食，他就会觉得爷爷是对的。所以，如果家长当着孩子的面与老人沟通，孩子一定会妨碍老人做出正确的决策。所以，在与家庭成员沟通的过程中，家长们也要讲究一定的技巧。

二 学习方法——让孩子因巧妙的
学习方法而取胜

看到这个题目，很多家长也许会产生这样的疑问："一二年级的知识这样简单，孩子也需要掌握学习方法吗？"

答案是肯定的。作为家长我们都知道，对于孩子的整个学习生涯来说，一二年级是一个开端，是学习习惯的养成开端，同时也是学习方法的培养开端……作为执教多年的老师，我可以这样说，如果孩子在一二年级不讲究学习方法，那他们在今后的学习过程中，也常常会陷入浑浑噩噩的状态。

其实，当孩子们还在一二年级时，家长们应该就能发现，有的孩子学起习来很轻松，而有的孩子却学得很吃力。为什么会出现这种现象呢？其实这与孩子是否懂得运用学习方法有很大的关系。

一个顺利考入重点大学的孩子曾这样对我说：

从上一年级开始，妈妈每天晚上都要让我预习、复习，当时由于我嫌麻烦，还常常因为这事跟妈妈闹别纽。但妈妈用了很多方法，最终还是让我把预习、复习的好习惯保持下来了。

当我上初中时，我终于明白妈妈的苦心了。因为面对初中难度骤升的知识，我的很多同学都说学习很吃力，但我却没有这种感觉。那时我才明白，那都是课前预习、课后复习这种好方法的功劳。

当然，由于一直都在坚持这种优秀的学习方法，在竞争力更加激烈的高中，我一直还是在畅通无阻地前进。

对于一二年级的孩子来说，这是一位过来人的经验。当然，家长们也应该能从这个孩子的分享中得到一定的启发：让孩子在一二年级就掌握正确的学习方法,不仅仅是为了提高他们的学习成绩,更是为他们将来的学习生涯打下基础。

是的,孩子读的年级越高,学习方法对于他们就越重要。但家长们应该明白,任何一种学习方法都不是拿过来就有效的,在被孩子有效利用之前,它与孩子之间要有一个"磨合"的过程。也就是说,孩子只有把这些学习方法变成自己的学习习惯,这些学习方法的功效才会真正发挥出来。所以,从这种意义上来讲,在一二年级,家长有意识地让孩子掌握正确的学习方法是有必要的。因为它越快转变成孩子的学习习惯,孩子就会越快进入轻松的学习状态。

在与家长们接触的过程中,我发现了这样一种有意思的现象:大多数的家长都在催促着孩子去学习、去提高学习成绩,但却很少有家长催促着孩子去掌握学习方法。

我就曾认识这样一位家长:

每到周末,她都会为孩子准备一大包零食,然后带孩子去儿童图书馆学习。但令这位家长失望的是,孩子并没有像她想象的那样如饥似渴地学习、读书,而是一会儿趴在桌子上睡会儿觉、一会儿和旁边的人聊会天、一会儿又吃点零食……

当然,在家长的这种教育下,这个孩子从此也形成了自己的一套学习方法。每当周末时,他都会把自己关在家里苦读,但令他自己也令所有人都失望的是,即使他这样"用功",他的成绩仍然在班级的尾部徘徊。

的确,对于这些年龄尚小的孩子来说,家长的教育对他们学习方法的形成往往起着很大的作用。就拿上述案例中的这个孩子来说,从一开始,家长教孩子用"持久战"来学习,结果,到最后这个孩子真的把"持久战"作为自己的学习方法和学习习惯。只可惜,对于这个自制力不是很强的孩子来说,这并不是一个好的学习方法,因为即使他在大家的眼中非常用功,但他的成绩已经把事情的真相揭露出来了——他

在"假用功"。

其实，生活中很多孩子的学习方法都可以用"假用功"来形容，例如，他们常常一整天的时间都在家里学习、为了学习他们常常开夜车……根据我对这些孩子的了解，我知道，这种学习方法常常是无效的。不仅仅是一二年级的孩子，任何一个人连续几个小时困在一个房间里都会感到乏味。久而久之，就很难长时间集中注意力，因此常常会陷于非常疲惫的状态。在这种状态下，学习任何知识都是没有效率的。

而且，对于大多数孩子来说，"开夜车"这种学习方法更是不可取的。因为每个人的作息都需要一定的规律性，"开夜车"在一定程度上会打乱孩子的作息规律，严重时还有可能会影响孩子正常的生物钟，使孩子白天晚上都处于没有精神的状态。可想而知，在这处状态下，孩子怎么会有学习效率。

具体来讲，家长们可以从以下几点出发，来促使一二年级的孩子掌握科学的学习方法。

方法一：学会做学习计划——让孩子轻松地面对学习

很多家长常常这样向我抱怨："我家孩子好像跟作业有仇似的，每天不到最后一刻他是不会做作业的。"

每当听到家长们的这种抱怨，我都会给他们提出这样的建议："帮孩子做个学习计划，他就不会有意拖延做作业的时间了。"但听我这么说，家长们常常用怀疑的口气反驳我："孩子才这样小，让他们做学习计划是不是有些早？"

的确，在大多数家长眼中，一二年级的孩子还是小孩子，如果让这样小的孩子学做学习计划，很可能会因为他们的能力不足而给他们造成学习上的压力。但作为执教多年的老师，我要告诉家长们的是，如果家长不帮助孩子合理地安排他们的时间，这才会大大增加他们心理上的压力。

我们都知道，一二年级的孩子还处于那种爱玩的年龄，由于自制力还很薄弱，所以每天放学之后，他们做得最多的一件事就是"玩"。然而，家长别看他们在玩，其实那些作业任务和期限一直在他们脑子里游荡。我们可以这样说，虽然他们在玩，但他们往往也玩不痛快、玩不尽兴。其实，在这种"玩"与"写作业"相斗争的矛盾心理中，孩子心理上的学习压力就不知不觉地产生了。

所以，我们可以这样说，在这种毫无计划、毫无规则可言的学习状态中，孩子其实是在承受着更大的学习压力。但当孩子拥有了学习计划之后，情况就大不相同了。有了详细的学习计划，孩子便明确地知道自己什么时候应该玩、什么时候应该去学习了。这样孩子玩也玩得痛快，学也学得投入，所以，这会在很大程度上减轻孩子的压力。

那么，家长应该如何教这些一二年级的孩子做学习计划呢？

其实，教这些年龄尚小的孩子做学习计划，实际上就是教他们合理地安排课余时间。一位家长这样分享自己的经验：

从孩子上一年级开始，我就养成了这样一个习惯：孩子放学回家之后，我不急着催促他去写作业，而是先让他吃点水果，然后边吃水果边思考接下来的时间怎么安排。

一次，孩子吃完水果后，把思考的结果告诉我："妈妈，我先画一幅画，然后再听会儿英语听力，然后再写数学作业。"

听孩子说完之后，我耐心地对他说："妈妈知道你喜欢画画，所以才把画画安排在第一位。但你想想，当你画完画后，那些颜料、水彩、画笔等把书桌上弄得乱糟糟的，你再怎么写作业呀！"

看到孩子在认真地听，我继续说："你看这样好不好，你先把语文作业和数学作业做完，然后再听会儿英语听力，最后再画画。这样你就可以尽情地画、安心地画，想画多少张就画多少张，你看怎么样？"

孩子被我说得心动了，便高高兴兴地按着我说的去做了。

一二年级的孩子就是这样，如果他对某一学科感兴趣，他恨不得

把所有的时间都用在这一学科上。但作为成人我们知道，这并不是科学的学习方法，如果按照孩子的这种意愿继续发展下去，孩子不但不能顺利地完成作业，而且很容易就会产生偏科现象。

就拿上述案例中的这位家长来说，在孩子写作业之前，她要求孩子思考一下具体的时间安排，其实这就等于帮助孩子做了一个小小的学习计划。当然，在这一过程中，家长还需要给孩子一定的指导。就拿上述案例中的这个孩子来说，如果家长针对他的时间安排并没有提出反对意见，那这个孩子很容易就会在画画的过程中浪费大量的时间，也许到最后连作业都做不完。

其实，家长帮助孩子修改时间安排的这一过程，实际上就是在教孩子合理地安排时间，科学地制订学习计划。

所以，从一二年级开始，家长就应该有这种意识，孩子放学回家后，不要急着催促他们去写作业，而是给他们一定的时间，让他们思考接下来的时间安排。在家长的鼓励和指导下，用不了多久，这种优秀的学习方法就会成为孩子的一种习惯。

方法二：向拖沓"宣战"——快速提高孩子的学习效率

记得有同事曾说过这样一句话："如果孩子们做事不再拖沓，那他们的学习效率就能大幅度提高。"

是的，不管是在学校学习的过程中，还是在执行学习计划的过程中，每个孩子需要面对的最大"敌人"就是拖沓。其实，不管是大人还是孩子，由于惰性的存在，每个人都喜欢拖沓，例如，边玩边学习（工作）、不到最后一刻绝不开始学习（工作）……当然，我们还知道，这种拖沓的"风格"会大大降低孩子的学习效率，甚至还会由于学习的"战线"拉得太长，从而使孩子对学习产生厌烦心理。所以，如果家长能够成功地帮助孩子战胜了"拖沓"这种坏习惯，那就等于教会了孩子一种快速提高学习效率的学习方法。

在写这一章节之前，我曾采访过很多学有所成的孩子，我问他们：
"你是怎样战胜拖沓的？"

但这些孩子给出的答案却让我大吃一惊：

"我从来没有战胜过它！"

"我认为它是不可战胜的！"

......

这根本不是我所期待的答案。我希望他们能够给我提供一些战胜拖沓的有效方法，然而这些学有所成的孩子却告诉我"拖沓无法战胜"，这到底是怎么回事？既然拖沓无法战胜，那他们又是如何取得如此优异成绩的呢？

接下来这些孩子们的解释让我豁然开朗。一个正在一所重点大学就读的孩子这样说：

我认为拖沓不可战胜，但我能把拖沓带来的负面影响降到最小。例如，在执行学习计划时，当那种想偷懒的念头产生后，我就会想办法让自己积极起来，如，快速地整理书桌或是书架……在这种积极状态的影响下，那种想偷懒的念头就会消失。

是的，只要人的惰性存在，拖沓就会永远存在于人的思维和行动之中，而我们所能做的就是把拖沓的破坏作用降到最低。而且，对于一二年级的孩子来说，由于他们自身的自控能力还十分薄弱，所以，家长更应该加大力度帮他们去与拖沓做斗争。

在生活中，我们常常会听到孩子说这些话：

"现在已经太晚了，我实在是太困了，现在做作业就等于浪费时间，还是等到明天早晨清醒些再开始写作业吧！"

"现在我手头还少一本资料，等明天我把那本资料找齐了再开始吧！"

......

孩子所说的这些是事实，还是在为自己的拖沓行为找理由？作为老师，我要告诉家长们的是，孩子这不仅是在为自己的拖沓行为找理

由,而且他们还不想承认自己的拖沓行为。也就是说,孩子正在用这些理由来自己欺骗自己。

作为家长我们可以这样想一想,如果孩子这种自欺欺人的行为成为一种习惯,那学习计划对于他们还会起作用吗?如果孩子一直在这样自己欺骗自己,他们是不是也会忽然想出一个不用学习的理由来?

所以,在孩子那种懒惰思维刚刚露头、拖沓行为刚刚出现时,家长就应该加大力度把孩子这种坏思维、坏习惯消灭在萌芽状态之中。

一位家长这样引导自己二年级的孩子向拖沓宣战:

针对孩子的学习计划,我专门为孩子准备了一个"计划完成日志本"。也就是说,让孩子每天把计划的完成情况表现成文字,记录在这个"日志本"上。例如,一天的学习任务结束之后,如果所有的计划都已经完成了,那孩子可以在那个"日志本"中写下"全部完成"几个字。但如果有计划没有完成,孩子应该在"日志本"上标出那些没有完成的任务,并写明原因。

这样,当孩子把那些为自己的拖沓行为寻找的理由写在日志本上时,他常常会很心虚。而且,当这样的理由越来越多时,孩子就会感觉越来越不好意思,甚至还会产生羞耻的心理。在这种心理的影响下,孩子往往就会督促着自己去完成学习计划。

对于这些单纯的一二年级孩子来说,日志就像他们的心理老师,每当他们想偷懒时,那些之前的日志就好像在对他们说:"你又想在为自己的拖沓行为找理由吧? 我已经记录了你的很多懒惰行为,赶快写作业吧,否则我就会把你今天的懒惰也记录下来,让大家都能看到!"所以,在这种情况下,日志往往能够帮助孩子克制住自己懒惰的心理,帮助他们把拖沓的破坏性降到最低。

当然,对于这些一二年级的孩子来说,由于他们的自制力还很薄弱,所以家长应该时常检查一下他们所做的计划和日志本,以帮助他们更好地养成不拖沓的学习习惯和方法。

方法三：课前预习、课后复习——让孩子的学习一路"绿灯"

提到预习,很多一二年级孩子的家长常常会持反对意见。一位家长曾这样对我说过:

我家孩子正在读一年级,前段时间,每天晚上我都会把明天要学的内容带孩子详细地预习一遍。但不预习还好,一预习却出现了很多情况:首先孩子产生了自满情绪,他回家之后常这样对我说:"老师讲的那些内容你在家里都给我讲过,所以我一点儿也不愿意听老师讲课!"这往往就在很大程度上助长了孩子听课不认真、喜欢做小动作的坏习惯。第二,孩子那种不听课的行为还常常会影响到他周围的同学,我家孩子曾伤心地这样对我说过:"同学们都不喜欢挨着我坐,他们说我总是影响他们认真听课。"

这位家长所说的并不是全无道理,课前详细的预习的确很容易使孩子产生自满情绪。但孩子之所以会有这样的情绪产生,这与家长所采用的教育方法也有很大的关系。不管对于哪个年龄段的孩子来说,课前预习都不能太详细,因为详细的预习往往并不能达到预习的真正目的。

作为老师,我要告诉家长们的是,预习的目的不是为了帮助孩子解决问题,而是引导孩子带着问题去学习,从而激发他们的学习欲望和学习兴趣。如果家长们都像上述案例中的那位家长一样,每天都要帮孩子把明天要学的内容详细地预习一遍,那孩子在学校再听课时,由于听的是重复的内容,孩子自然就会对学习提不起兴趣。由于一二年级的孩子正处于好动的年龄,对老师的讲课不感兴趣,他们自然会把精力都转移到做小动作、扰乱课堂秩序上。所以,家长在课下帮助一二年级的孩子进行详细的预习,不是在帮孩子,而是在害孩子。

那么,作为一二年级孩子的家长,我们到底如何才能帮助孩子预习呢?

一个聪明的家长是这样帮助孩子预习的，以下是他的原话：

明天孩子就要学习"命"字了，我告诉了他这个字的读音，当孩子要求我告诉他这个字的写法时，我这样对他说："关于这个字的笔顺和写法，明天老师会详细地给你讲的。你要认真听呀，明天把这个字的笔顺告诉妈妈好不好？"

当然，我还帮助孩子用这个字组了个词——"生命"，然后我接着问孩子："你知道这个字还能怎么组词吗？"

孩子兴奋地说："命运！

"还有呢？"

"不知道了。"孩子摇着头说。

"没有关系的，明天老师会用这个字组很多词呢，到时候你要把那些新鲜的答案告诉妈妈呀！"

孩子郑重地点了点头。

对于一年级的孩子来说，他们还没有掌握自己预习的本领，所以他们常常需要家长带着他们一起预习。案例中的这位家长帮助孩子预习的方法就很科学，他首先帮孩子了解明天要学的大概内容，然后又故意用很多问题来激发孩子对明天课堂的向往，所以，在这种状态下，孩子学习的积极性就已经被最大程度激发出来了。让孩子带着疑问和积极性去听课，这才是孩子听课的最佳状态。

所以我们也可以这样说，家长正确的教育方式，不仅不会使孩子产生厌学的情绪，而且还能极大程度地调动孩子学习的积极性。

对于任何年龄段的孩子来说，复习都是帮助他们巩固知识的最好方法。但对于一二年级的孩子来说，复习却具有一种特殊的意义。因为复习不仅是一种学习方法，更是一种良好的学习习惯。如果孩子从一二年级就坚持用这种良好的学习方法学习，那这种良好的学习方法很容易就会转化为他们的一种学习习惯。

那具体来讲，家长应该如何帮助一二年级的孩子复习呢？

一二年级的孩子正处于那种探索欲望比较强烈的年龄段,他们一般对新鲜的知识非常感兴趣,但对于那些已经学过的知识往往不会表现出热情。所以,在这种情况下,要求这些一二年级的孩子复习已经学过的知识有一定的难度。但如果家长懂得运用教育的技巧,孩子也会对复习表现出很大的积极性。

一位家长这样介绍经验:

我家孩子正在读一年级,每天写完作业后就忙着去做游戏。我提醒过他很多遍,要把白天学的知识复习一遍,但他总是因为要忙着去做游戏而忽视我的提醒。

所以后来我就不再提醒他,而是去引导他。一次,我看他做完作业了,便对他说:"儿子,我们来玩一个游戏好不好?"

"好呀,什么游戏?"一听做游戏,儿子立刻精神了起来。

"我们来过家家,你当老师,我当学生,你讲课,我听课。"

"那我讲些什么呢?"

"讲什么都可以,要不你就讲白天老师所讲的内容吧!"我装作很不在乎地说。

"好呀!"孩子为我的创意拍手叫好。当然,他在十分认真地扮演着老师,除了努力地教我学习知识外,还常常提醒我要注意坐姿、注意课堂纪律、不要做小动作等。他可过足了老师瘾,而正因如此,我的目的也达到了。

对于一二年级的孩子来说,老师的知识是宽广的,老师在他们心目中是很有威严的,他们很渴望自己也能成为老师,能够教"学生们"知识并管理他们的言行。另外,由于一二年级的孩子对游戏还是非常眷恋的,所以很喜欢玩老师教学生的游戏。

上述案例中的这位家长是非常聪明的,他了解孩子的这种心理,通过这种"过家家"的游戏,他让孩子在开心、快乐的状态下就把所学的知识复习了一遍。更重要的是,在这一过程中,为了过足老师瘾,孩

子还会将自己的纪律意识全部表现出来，如提醒学生注意坐姿、遵守课堂纪律等。

当然，如果家长能够说服孩子把这种"过家家"的游戏当成长久的游戏，那为了使自己在"学生"面前更有权威，为了使自己的"课堂"更有气氛，在今后的学习过程中，孩子一定会更加认真地学习并严格地要求自己。所以，到那时，往往不用家长再提醒他们，他们都会主动去复习。

所以，如果你的孩子也不喜欢复习，家长不妨学习上述案例中那位家长的做法，用游戏的方式让孩子爱上复习。

方法四：从容应对考试——巧妙提高孩子的学习自信心

一二年级的孩子可能还不懂得什么叫做学习自信心，但有一点是肯定的，大多数一二年级的孩子都惧怕考试。也就是说，由于经历的考试次数并不多，他们常常不能正确地看待考试。

一位家长曾这样说过：

每次考试的前几天，女儿总是吃不好、睡不好，就好像要去上战场一样。尤其是临考的前一天晚上，她总是翻来覆去，根本就睡不了几个小时的觉。我真替她担忧，怎么才上一年级就像得了"考前综合症"一样呢！

在教学的过程中我发现，大多数一二年级的孩子在考试之前都会表现出或多或少的紧张。为什么会这样呢？其实这与家长们表现出来的紧张情绪有很大的关系。相信家长们对以下这些场景并不陌生：

离考试还有一个多月的时间，家长就开始天天催促孩子："快点复习吧，不然就会落在别人后面了。"

孩子想去公园里放松一个心情，家长紧张地对孩子说："还有几天就考试了，去什么公园呀，等考完试，你想玩几天就玩几天，但前提是你必须考好！"

……

是的,如果家长对考试表现得很紧张,那这种紧张的情绪很容易就会传染给孩子。我们知道,大多数一二年级的孩子都是敏感的,他们的情感也是很脆弱的,如果他们总是被这种紧张的气氛所包围,迟早有一天,他们会不可避免地得上"考前综合症"。所以,要想孩子能够正确地面对考试,家长自己首先应该对考试有正确的认识。

我曾认识这样一位家长:

考试之前,当家长们正在催促孩子复习时,这位家长却这样对孩子说:"别着急,在平时的学习中你很认真,而且每天都在复习,所以这次只要把知识再简单地看一遍,我敢保证,你一定能考出好成绩。"

考试之后,当别的家长正在埋怨孩子的成绩不好时,这位家长却这样对孩子说:"恭喜你,你又得到了一次成长的机会。这次成绩不理想,这说明你学习中的某个环节肯定是出了问题。来,让我们仔细地找一下,看是在学习环节上出了问题,还是在考试环节上出了问题!"

……

从孩子上一年级开始,这位家长就一直这样教育孩子,因此,每次考试,这次孩子总能从容地应对。

从某种意义上来说,从容就是自信的一种表现。案例中这位家长的教育方式是科学的,他正在用自己的态度和引导让孩子去正确地面对考试。而事实正是如此,在平时的学习过程中,我发现这个孩子不仅面对考试非常从容,而且也表现得非常自信。更重要的是,他懂得什么时候应该做什么。例如,他不会把复习的任务都堆到考试之前的几天里,而是在平常的学习过程中就有计划地复习;面对不理想的考试成绩,他不是先沮丧,而是先寻找失误的原因。

我敢说,在这个过程中,孩子学到的并不仅仅是从容面对考试的能力,还有自信面对学习的能力。

当然,要想使孩子自信地面对考试,家长还应该教孩子一些具体的考试技巧。因为对于这些入学不久的孩子来说,他们的考试经验并

不丰富，例如，他们往往因为某道题浪费了太多的时间，而导致下面的很多题目都来不及做。另外，如果在进考场之前，孩子掌握了一定的考试技巧，这也能在很大程度上缓和他们的紧张情绪。

在多年的教学过程中，我把一二年级孩子应该掌握的考试技巧总结为以下几点。当然，家长们也可以把它作为引导孩子正确答题的具体步骤。

1.试卷发下来之后，先不要埋头做题，而是要把试卷从头到尾大致浏览一下。这样做可以使孩子对试卷的题量有一个整体的把握，从而使他不至于在某道题目上浪费太多的时间。

2.遇到完全陌生的题型，可以跳过去先做后面的题目，等把熟悉的题型做完后再来做那些陌生的题型。

3.如果还剩下10分钟，但还有一道5分的题目没有做，可以放弃这道题目，然后认真地检查前面的题目。当然，这时候最重要的检查内容是，所写答案的位置是否正确——看清题目的要求，是要求把答案写在题目中的空格里，还是写在题后的括号里；是要求把答案写在试卷上，还是把答案写在后面的答题纸上……这一点很重要，如果孩子不按要求来写答案，这会严重影响他们的考试成绩。

4.当然，家长还应该强调一点，让孩子不要忘记写名字和班级，而且还要把它们写到规定的位置上。

在考试之前，家长还可以用游戏和轻松的口气让孩子复述这些考试技巧。当孩子相信了这些技巧的有用性，以及掌握了这些技巧后，他们对自己的应试能力及学习能力就会越来越有信心了。

二 学习模式——学习模式不同，家长的教育方法亦不同

在生活中，我们常常会听到家长们这样教育孩子：

"我跟你说过多少遍了？你的坏习惯怎么还是不改呢？"

"我跟你说什么了？难道你没听进去吗？"

……

在多年的教育学过程中，我也常常会发现类似的问题，例如，有个学生有丢三落四的坏习惯，我提醒了他很多次，但他的这种坏习惯仍然不见减轻。我一直在怀疑，这个孩子是不是没有听进我的话，或者他根本没有把我的话当成一回事。但后来我才发现，我的想法是错误的，这个孩子确实在听我的话，但他却没有弄懂我的意思。

举这样一个简单的例子，对于我们成人来讲，当不同的人看待同一件事情，或解决同一个问题时，我们会发现，每个人看待事情的角度不同，解决问题的方法也会有很大的差异。为什么会出现这种现象呢？其实，这是由于人与人之间的学习模式是千差万别的。

何谓学习模式？

一位拥有一对双胞胎的母亲为我们揭晓了答案：

几乎所有的人都说我的这对双胞胎长得一模一样，但从他们细小的动作中，我就能够很明显地发现他们的不同。

例如，虽然他们都喜欢玩搭积木的游戏，但哥哥总是想快些把这些积木搭成"高楼大厦"，而弟弟却对不同颜色积木的分类很感兴趣。

是的，由于体内基因的不同，以及体内基因排列方式的不同，从出生那一刻起，每个孩子都是与众不同的，即使是双胞胎兄弟或姐妹也

是如此。他们有自己独特的天赋，以及自己独特的兴趣爱好，正因这些独特点的存在，每个孩子看待问题、解决问题的方式都是不同的。当然，我们也可以这样说，他们的思维方式是截然不同的。

一个人由于独特的天赋所引起的不同的思维方式以及解决问题的方式，就可以称作是这个人的学习模式。

由此我们可以得出，如果家长不懂孩子属于哪种学习模式，而是盲目地要求孩子学习，那家长对孩子的教育，就如同在对孩子说外语，即使家长说得再慢、说得遍数再多，由于没有弄明白家长的意思，孩子也不会与家长合作。

具体来讲，人与人之间学习模式的不同，是由两个方面所决定的：感知能力和行为反应方式。

1.感知能力。

人的感知大概可以分为两种：具体感知和抽象感知。尽管我们每天都在运用这两种感知能力，但确切来讲，每个人在对它们的使用上是有所侧重的。而这种侧重点的不同正体现了某个人独特的感知能力。例如，那些以具体感知能力为主的人在与他人沟通时，往往只去理解他人语言中字面的意思；而那些以抽象感知能力为主的人，在与他人沟通时，常常会去挖掘他人语言中所隐含的背后的意思。

例如，我讲课时，发现一个孩子正在下面做小动作，于是我这样提醒这个孩子："抬起头来，看黑板。"但这个孩子却迷茫地回答我："老师，黑板上没有写什么呀？"

其实，这个孩子就属于典型的以具体感知能力为主的人，我让他看黑板的意思是让他认真听课，但他却只理解了我的字面意思。所以，家长在与这种类型的孩子沟通时，就应该采用那些简单明了的语言。

2.行为反应方式。

我们用不同的感知能力接受了信息之后，还常常会采用不同的方式来整理信息。也就是说，虽然两个人都属于以具体感知能力为主的人,但由于他们大脑整理信息的方式不同,他们的行为反应方式也会出现很大的不同。

一般来讲,人们整理信息的方式有两种类型:有序的和随意的。

有序的整理法是指,大脑以一种线性的、循序渐进的方式来整理已经获得的信息。拥有这种能力的人遵循的是一种合乎逻辑的思维习惯,他们喜欢制定计划并按计划办事,而不是凭一时冲动办事。

随意整理法是指,大脑以没有具体顺序的方式来整理信息。拥有这种能力的人通常不按步骤办事,他们甚至先从中间或末尾下手,然后再处理前面的部分。这些人做事常常没有计划,而且很易冲动、自制力不强。

因此,根据孩子感知能力,以及行为反应方式的不同,我们大致可以把孩子们的学习模式分为四种:具体有序型、抽象有序型、抽象随意型、具体随意型。

下面我们将分别介绍这些不同学习模式孩子的特点,以及家长应该如何引导这些不同类型的孩子学习。

方法一:具体有序型——用具体有序的规则让孩子爱上学习

一位家长讲述了这样一件事情:

女儿今年读二年级,她聪明好学,而且很愿意与我合作。因此,每天她的作业做完后,我都会再给她布置一些阅读任务。当然,为了检查她的阅读效果,我偶尔也会出一些问题考考她。

一次,我让她阅读一篇有关地理的文章,阅读完之后,我问了她一个很简单的问题:"那些热带雨林地区有哪些自然资源?"

面对我这个问题,女儿又把那篇文章看了一遍,但她仍然很痛苦地对我说:"爸爸,在整篇文章中,我根本就没有找到'自然资源'几个字。"

于是,我详细地给她讲解了"自然资源"的意思,同时又举了几个

案例。很快，女儿明白了，不一会儿，便把文章中提到的那些自然资源都找出来了。

其实，案例中的这个孩子的学习模式就是具体有序性，她能很轻易地记住具体细节，但一旦要她去理解抽象概念，她就表现出很大困难。在这种情况下，她需要家长的指点和帮助。这种类型的孩子理解事实的能力很强，但要理解抽象的概念却需要花大工夫。

一般来讲，学习模式以具体有序型为主的孩子，在学习中常常会表现出以下特点：

※他们遵守纪律、学习认真。

※他们需要现成的方式、模型去模仿，或者有模样在前面，让他们跟着做，他们才会有安全感。

※他们需要家长的良好榜样，例如，如果家长要求他们准时起床、准时上学，如果家长自己首先做不到这一点，这会令他们非常迷茫。

※这种类型的孩子一般都相信家长的话是真话，但他们往往只能理解家长语言中的字面意思，所以，在与这种类型的孩子沟通时，家长的语言要简单明了。

读到这里，也许会有家长提出这样的疑问："孩子才读一二年级，他们也会表现出自己明显的学习模式吗？"

答案是肯定。如果你发现孩子放学后总会主动去做作业，或者总是指出你的不足，例如，"妈妈，请你把电视声音调小一点，你说过，我需要安静的学习环境""妈妈，你说过用过的东西要放回原处的，你看，你用过我的小剪刀没有放回原处"……其实，这些都是具体有序型孩子最常见的表现。

所以，在孩子日常学习的过程中，家长不妨给具体有序型的孩子制订一个具体有序的规则，在这种明确规则的引导下，将更有利于他们去学习。

当然，这个规则必须要突出"具体"和"有序"这两个方面。针对这两个方面，我们将在下面做详细的论述。

第一，要在"具体"方面下工夫。

很多时候，由于具体有序型的孩子常常只去理解他人语言的字面意思，所以，他们常常会表现出很多可笑的行为。

一位家长讲述了这样一件事情：

上学的第一天，放学后，我家儿子几乎是跑着回来的。我问他："为什么要跑？"

他说："老师对我们说：'在人行道上时要慢慢走，到了草地上时就可以跑。'回家的路几乎都是草地，所以我一直都是跑着回来的。"

是的，这个孩子的行为很可笑。只去理解他人语言的表面意思，即使是觉得不合理，他们也会按步骤地照这些语言去做，这可以算作具体有序型孩子的一个最明显的特征。

在学习的过程中也是如此，只要老师或家长发出命令，这种类型的孩子一般都会按着这些命令去做。然而，在家庭教育中，由于家长不了解具体有序型孩子的特点，在沟通方面，他们经常会与这些孩子发生冲突。

例如，孩子在看电视，家长这样对孩子说："你就一直看电视吧，别学习啊！"作为成人我们理解，家长这是抱怨孩子看电视的时间太长了，是在催促孩子去学习。但具体有序型的孩子往往听不出家长语言背后的意思，在这种情况下，他们常常还是坐在电视机前一动不动。所以，家长与具体有序型孩子常常会因为这些沟通上的误会而发生冲突。

其实，遇到这种情况，家长应该主动配合孩子，既然孩子对语言的理解仅限于表面状态，那家长就应该用简单明了的语言来教育孩子。例如，看到孩子已经看电视很长时间了，家长可以这样对他们说："学习的时间到了，应该去学习了。"如果家长这样说，具体有序型的孩子往往都会关掉电视去学习。

当然，如果你的孩子属于具体有序型的学习模式，那家长还应该注意这样一点，你不要指望用讽刺、嘲笑等语言可以让孩子改掉坏习惯。因为这种类型的孩子只能理解语言的表面意思，那些讽刺、嘲笑的语言只会令他们更加迷茫，这更不利于他们坏习惯的改掉。所以，在学习过程中，家长可以用一种明确的语言帮助具体有序型的孩子改掉学习上的坏习惯：

"丢三落四的坏习惯会破坏良好的学习状态，所以，你应该一点点改正这种坏习惯。"

"粗心会极大地影响你的成绩，所以，你应该尽快把这种坏习惯消灭掉。"

……

将那些讽刺、嘲笑的语言变成带有很强规则意味的语言，"你应该……"，在这种规则性的引导下，具体有序型的孩子一般都会愿意按着家长的意愿去做。

第二，家长还应该在"有序"上下工夫。

具体有序型的孩子很喜欢有条理的学习状态，他们善于为自己做计划，什么时候学习语文，什么时候学习数学……具体有序型的孩子很讨厌生活中的那些变化，因为这会让他们产生很强烈的不安全感。

因此，在孩子的学习过程中，如果有大的变动，家长要提前告知孩子，以便他们在心理上和计划上早做准备。例如，平时周末的时间由孩子自己来安排，如果这个周末家长想带孩子去姥姥家，那家长在周三的时候就应该通知孩子，以便孩子重新安排自己周末的时间。

方法二：抽象有序型——为孩子的学习任务加上光荣的外衣

一位一年级孩子的家长曾这样向我诉说：

有一次，我刚上一年级的儿子病了，我怕他的功课落下，于是便在家里教他识字。但他却不十分不配合我,他说我教他的知识太简单了,并拒绝与我一起朗读课文。我觉得这孩子太怪了,又觉得他是在逃避学习!

其实,如果家长了解这个孩子的学习模式,就不会用"怪"来评价他,也不会说他是在逃避学习了。这个孩子的学习模式属于抽象有序型,这种类型的孩子有这样一个特点,他们不喜欢被强迫着去做任何事情,如果家长一直在催促他们学习,或者强迫他们去学习,这会使他们非常痛苦。在这种状态下,他们一般是不会与家长合作的。

听了上面那位家长的讲述,我给她出了这样一个主意:给孩子买一个玩具熊,然后母子俩一起教玩具熊学习知识。结果,那位家长采用了这个方法,孩子很愿意与家长合作,不但学校的功课一点都没有落下,而且还学会了很多书本上没有的知识。

也许在家长眼中,抽象有序型的孩子的确有些奇怪,但只要了解了这种类型孩子的特点,家长就不会觉得他们奇怪了。就拿上述事例中的孩子来说,当家长一厢情愿地教他学习时,由于他在内心并不愿意与家长一起学习,所以他会不断地挑家长的毛病,例如,家长教的内容太简单、学习的环境不舒服等。但当他们母子俩一起教玩具熊学习时,由于孩子的积极性被调动起来了,所以他就不会再挑毛病了。当然,在教玩具熊集中精力、认真学习的过程中,这个抽象具体型的孩子从中学到的不仅仅是知识,还有那些良好的学习习惯。

除了重视客观性之外,抽象有序型的孩子还具有以下几个特点:

※他们做事讲究系统性,经常是深思熟虑后才采取行动,因此他们做事时看起来非常缓慢。但他们在很大程度上常常会追求完美,如果他们愿意去做一件事情,他们会把这件事做得非常完美。

当然,如果时间不够用,或条件不完善,他们宁可什么也不做。例如,如果时间很晚了,家长这样对他们说:"你能做多少作业就做多少

吧！"在这种情况下，他们往往是一点都不做。

※他们一般都不爱说话，因为他们的大脑一直处于分析与评价的过程中，所以在没有弄清楚一件事情之前，他们是不会发表自己的看法的。

了解了孩子的学习模式之后，常常有家长这样对我说："抽象有序型的孩子太'倔'了，在他们不高兴的时候，我把嘴皮子说破了他们都不肯学习。"

的确，由于抽象有序型的孩子很注重客观性，所以家长带有主观色彩的学习任务都会遭到他们的拒绝，例如，家长催促他们学习，或家长逼他们去报他们不喜欢的学习班等。

其实，在很多时候，在引导孩子学习方面，家长的主观性是可以转变成客观性的。

一位明智的家长这样分享经验：

我家孩子太不爱说话了，因此我总想让他报名参加学校组织的辩论赛，以锻炼他的表达能力。我知道，如果我强迫他去做这件事，他是绝对不会与我合作的。于是我没有强迫他，而是耐心地这样引导他："你知道吗？能够参加学校的辩论赛，是一个人能力的象征。"

看孩子低着头在思考，我继续说："我上小学的时候，也参加过学校的辩论赛，虽然我没有在辩论赛上得奖，但当我小学毕业时，校长都认识我。一次，我在外面遇到了校长，当我跟他打招呼时，他这样对我说：'我记得你，你好像是参加过学校的辩论赛！'我当时很激动，并为自己参加过辩论赛而自豪。"

儿子终于被我说服了，他同意去参加学校的辩论赛。只是在他眼中，辩论赛又多了一层神圣的含义：参加过学校的辩论赛，是一个人能力的象征。

的确，对于大多数抽象有序型的孩子来说，让他们参加辩论赛之类的活动是很痛苦的，因为他们很难与别人一样表现出一副冲动、慷慨激昂的样子。在这个时候,如果家长强迫他们去参加辩论赛,他们会觉得家长是在侵犯他们的权力,他们无论如何也不会与家长合作。

但上述案例中的家长却很聪明,他了解抽象有序型孩子的特征,所以他没有强迫孩子去参加辩论赛,而是给辩论赛披上了一件神圣的外衣——参加过辩论赛是一个人能力的象征。其实,这位家长是通过这种特殊的荣誉,帮孩子克服了内心那种不舒服的感觉,在这种状态下,孩子当然会自愿与家长合作。

在引导抽象有序型孩子方面,家长还可以采用多种方法。例如:

当孩子学习上的粗心毛病总是改不掉时,家长可以这样对他们说:"能够战胜自己的人,才是最伟大的人!"

当孩子不肯主动学习时,家长可以这样对他们说:"会主动学习的孩子才是最棒的孩子。"

……

在这种神圣目标及特殊荣誉的引导下,这些抽象有序型的孩子一般都会愿意与家长合作。

方法三:抽象随意型——引导孩子正确看待人际关系

一位母亲无奈地这样讲述:

为了提高女儿的学习成绩,我一直想给她找一位家庭教师。后来家庭教师找到了,但我却发现我好像没有能力为女儿支付这部分费用了。因为我的女儿几乎每隔两天就会要求我买礼物送给老师,因为她觉得老师太辛苦了。

我知道我的女儿关心体贴他人,但她对人际关系也太敏感了。

是的,对人际关系非常敏感是抽象随意型孩子最明显的特征。这种类型的孩子非常喜欢取悦他人,对于他们来说,任何的学习和生活都是处于很微妙的关系之中。

在教学过程中,我也常常会接触这种类型的孩子。他们对人与人

之间关系的重视程度是我们不可想象的。举个很简单的例子来说，如果班上有同学不高兴，这在一定程度上也会影响到他们的学习状态。当然，如果他们觉得老师不关注他，或对他们有意见，这会直接影响他们的学习成绩。

对于抽象随意型的孩子来说，注重人与人之间的关系可以成为他们的学习优势。因为他们的学习动力往往取决于人际关系。例如，他们常常会这样说："为了让父母满意，我会努力学习""为了赢得老师的喜爱，我会努力"……当然，家长可以抓住孩子的这种心思，从而引导他们更加努力地去学习。

一位家长这样分享经验：

在孩子刚入学之前，她常常这样表述自己的学习动机："为了让爸爸妈妈、爷爷奶奶，以及所有的亲戚不生病，我将来要做一名优秀的医生，所以，为了这个目标我要努力学习。"

然而，在具体的学习过程中，孩子常常会遇到困难，在这种情况下，孩子常常会想到放弃。每当这时，我都会用她最初的学习动机来鼓励她："要想成为优秀的医生，你必须和这些困难作斗争！""你不想做优秀的医生了，你不为爸爸妈妈的健康着想了？"……每当我这样鼓励她时，她总会又重新振作起来。

是的，在平时的教学过程中我也发现，当给抽象随意型孩子的目标注入热情和使命感之后，这些孩子往往很容易就会战胜困难。所以，如果你家孩子的学习模式属于抽象随意型，你不妨为他们寻找一个有使命感的目标，因为这种使命感很可能就会成为孩子战胜学习中种种困难的动力。

当然，要想让抽象随意型的孩子安心学习，家长还应该引导他们正确地看待人际关系。

教学的过程中，我是这样引导那些抽象随意型孩子的——让他们去"触摸"他们所关注的人际关系。

在给一个二年级的班级上课时，我发现有个孩子总是坐立不安。通过课下的沟通我才知道，原来他旁边的孩子中午趴在桌子上哭了，他不知道是怎么回事，所以就一直没有听进课去。

于是，我把那个哭泣的同学也叫过来，然后关心地问他："谁让你受委屈了？是不是发生什么事了？你为什么哭呀？"那个孩子不好意思地说："一点小事，不值得一提，我现在都忘了。"

这时，我又对那个坐立不安的孩子说："每个人都是有一定坏情绪的，当人们把这些坏情绪发泄出来时，他心里那种不舒服的感觉就会消失了。

停了停，我接着说："你看，你旁边的这位同学把坏情绪发泄出来就忘了，但如果你却因为这件事而听不进课去，这值得吗？"

在与这个孩子相处的过程中，我一直都在提醒他，不要太注重人际关系。在多次的提醒下，这个孩子因为人际关系而分心的情况大大减少了。

其实，家长在教育抽象随意型孩子的时候也应该如此。所以，当这种类型的孩子犯了错误时，家长不要急于去指出他的错误或批评他，而是要先告诉他，家长所有的语言和态度都是针对那些错误，而不是针对他这个人。

当然，在这个过程中，家长也要引导孩子真实地去"触摸"他与家长、与老师、与同学之间的人际关系。让他们明白，这些人际关系并没有他们所想象的那样复杂，引导他们用简单的眼光看待人际关系。当然，这可能将是一个漫长的过程。所以，家长一定要用循序渐进的眼光来看待孩子的变化，拿出足够的耐心来对待他们。

方法四：具体随意型——让孩子参与到规则的制定中来

一位一年级的老师曾讲述了这样一件事：

有一天，我给孩子们布置了一道很有创意的绘画作业，我要求他们画一幅他们所崇拜的人的画像。当然，在孩子们画之前，我也画了一

幅我崇拜的人的画像给孩子们做示范。

大多数孩子很快就交上了作业，因为他们都是摹仿我的作品。到最后，只有一个男生还在认真地画，我问他："你画的是谁？"

"天使！"这个孩子自豪地说。

"可是所有人都不知道天使长的什么模样呀！"我有点惊奇地问他。

"等我画完，大家不就知道了。"这个小男孩一脸灿烂地说。

听完这位老师的讲述，我就对他说："这个小男孩的学习类型一定属于具体随意型。"的确，具体随意型的孩子一般都精力充沛、好奇心强、点子多。他们喜欢创新，渴望与众不同，还希望自己能够成为所在群体的领袖或佼佼者。

他们最大的敌人就是无聊乏味，在他们看来，学校就好比一座监狱，他们不得不在"监狱"里忍受刻板教育的煎熬，直到他们发现学习的真正乐趣。

在大多数家长的眼中，具体随意型的孩子都很任性，他们时常会与家长争夺权力，并且大有"不达目的不罢休"的劲头。

我曾见过这样一个教育场面：

在餐厅里，一位父亲冲孩子吼道："你自己点的菜就必须吃掉，今天要是不把这些菜吃完，你就别想离开这家餐厅。"

我偷偷地看了看那个孩子，他仍然坐着不动，脸上的表情好像在说："那我们住这好了！"

父亲对孩子下了最后通牒："如果你不在10分钟之内把这些菜吃完，你以后就别想让我带你出来吃饭！"

那小家伙仍然无所谓地摆弄他面前的餐具，最后，这个小男孩得胜了，他一点都没有吃他点的那些菜，他的父亲几乎是暴跳如雷地把他拉出了餐厅。

是的，具体抽象型的孩子不喜欢被人支配，他们希望自己能够决定自己的一切事情。事实上，大多数具体抽象型的孩子几乎都具有"吃软不吃硬"的特点,如果家长强制他们去做某些事情,在一般情况下,他们都会与家长对着干;但如果家长真诚地与他们商量,听取他们的意见,他们是很乐意与家长合作的。

另外,他们需要有权威的家长,他们很希望家长给他们一定的原则和界限,这样他们会获得很大的安全感。因此,家长要想很好地与具体抽象型的孩子相处,既要树立权威,又要让他们参与到具体规则的制订中去。

还是以上述案例中的情况为例,如果父亲这样问孩子:"你准备吃你点的这些菜吗?"当然,孩子很有可能说"不"。其实这时,父亲可以让服务员把那些菜打包,然后对孩子说:"好的,你现在不必吃,但以后得吃,你点的,就应该你吃,这是原则。"

在这种情况下,父亲既表现出了自己的权威,又向孩子呈现了明确的规则。当然,在规则的执行过程中,父亲做出了一定的让步,这就等于给了孩子一定的自主权,所以,在这种情况下孩子一般不会再违背父亲的旨意。

家长对待具体抽象型孩子的学习也应该如此。然而,在生活中,对待孩子的学习,很多家长喜欢下最后通牒。例如,"如果你不去学习,我就……"、"如果你再不认真,我就……"。其实,对于具体抽象型的孩子来说,这些最后通牒不仅不会起积极作用,而且往往还会起到消极作用。因为对于他们来说,家长这些最后通牒就是"挑衅"的信号,它在很大程度上会把孩子的权力欲望都激发出来。

所以,对待具体抽象型孩子的学习,家长千万不能采用强制的措施,而要与他们商量,请他们参与到规则的制订中来。例如,在平时的学习过程中,家长可以这样与他们沟通:

"你打算几点去学习呀?"

"让我们一起制订计划来对付你身上的坏习惯吧!"

"让我们一起把你作业中的错别字都消灭掉吧!"

第 **五** 章

1-2年级,孩子经常会出现的问题

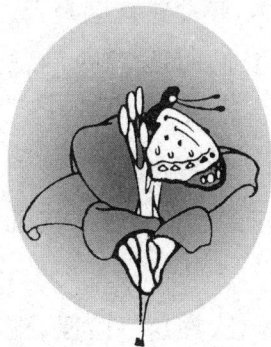

一 孩子写作业总是希望家长陪怎么办?

二 孩子写作业慢怎么办?

三 孩子上课时注意力总是不集中怎么办?

四 孩子不喜欢阅读怎么办?

五 孩子意志力薄弱怎么办?

六 家长应如何看待孩子的分数?

七 如何教孩子面对生活中的"痛"?

在与家长们接触的过程中，很多家长常常这样向我抱怨："孩子小的时候，我们总这样想：'等孩子上了学，我们就能好好歇歇了。'但当孩子到了上学的年龄，一大堆问题又出现了，孩子总是不想写作业；写作业时还总是让我们陪；他们身上还存在很多坏习惯……比小时候的问题还要多。真是孩子越大，家长操的心越多呀！"

事实真的像这位家长所说的一样吗？孩子越大，越令家长操心吗？

作为与孩子们相处多年的教师，我要告诉家长们的是，这个问题的答案是否定的。

在分析这个问题之前，家长们必须接受这样一种理念：每个孩子的成长都不是一帆风顺的；如果家长总是期望孩子的成长能够一帆风顺，那孩子就不会真正地成长。

就拿一二年级的孩子来说，的确，与小时候相比，在这一阶段，孩子身上所存在的问题是明显增多了。但面对这些逐渐增多的问题，家长首先不应该头痛和迷茫，而应该认真地思考孩子所处的阶段，以及这一阶段的心理特征。

举个很简单的例子，大多数一年级的孩子都不喜欢写作业，即使家长不停地催促，他们也总是不能静下心来写作业。很多家长常常对孩子的这一问题感到无可奈何。其实,只要家长了解了一二年级这一阶段孩子的心理,这一问题就很容易解决。

针对孩子的这一问题,一位家长是这样做的:

晚饭后,孩子玩了好一会儿还不去写作业,妈妈这样引导他说:"宝贝,我们来做个游戏吧!"

一听做游戏,孩子立刻来了精神,连忙问妈妈:"什么游戏呀?"

"我们来做'捉坏蛋'的游戏。"我一边拿出孩子的语文课本,一边继续对他说:"我们把生字当成坏蛋,每认出一个字,并且会写这个字了,就等于把坏蛋捉住了。"

孩子想了想对我说:"妈妈,我们等一会儿再玩吧,我要复习一下这些生字,免得输给你。"

结果可想而知,在这一过程中,孩子顺利地把所有学习任务都完成了。

解决那些所谓的教育难题,家长首先要了解孩子的心理。由于很多一二年级的孩子还没有完全适应小学生活,他们不喜欢小学那种枯燥的学习方式,他们仍然还在留恋幼儿园中那种在游戏中学习的状态。

了解了孩子的这一心理,家长一般就知道如何赢得孩子的合作了。

在多年的教学过程中,我把一二年级孩子家长们经常遇到的教育难题总结为以下几点。在此,我将对这些问题进行详细的分析,并为家长们提供具体的解决方法,希望能够对家长们有所启示。

一 孩子写作业总是希望家长陪怎么办？

一次开家长会时，我让家长们讨论这样的问题："到底要不要陪孩子写作业？"

看到这个话题，一位家长很自信地说："这些刚刚入学的孩子还小，他们的自制力还很差，如果家长不监督他们写作业，他们很可能就会出现开小差、用应付的态度对待作业等现象。"

这位家长刚说完，另一位家长马长反驳说："陪孩子写作业是一种很不好的教育方式，这会使孩子养成依赖、不爱思考的坏习惯。"

接下来，家长们纷纷发表了自己对这个问题的看法。

看着家长们各抒己见、激烈争论，我在黑板上写了这样几个大字：既不监督，也不陪伴。

这时，有家长反驳我说："孩子刚刚入学，自制力还很差，如果我们不监督他们，他们作业的质量谁也不敢保证。"

听着这位家长所讲的道理，我微笑着说："孩子不是'奴隶'，家长也不是'监工'，如果孩子只有靠家长的监督才能认真写作业，那他就不会产生学习的积极性，他们的自制力也会越来越差。在这种状态下，孩子很难顺利地走完这漫长的学习生涯。"

我们都知道，对于孩子的整个学习生涯来说，一二年级是非常重要的开端阶段。在这一阶段，孩子最主要的学习任务是养成良好的学习习惯，以及培养学习兴趣。但如果在这一重要开端期，家长就时常监督孩子写作业，那在孩子的印象中，学习就会变成一种被动的苦差事。在这种状态下，孩子永远也不会形成浓厚的学习兴趣，更不会产生积极的学习动力。

当然，很多家长还提出了这样的观点："我们陪在孩子旁边，遇到不会的题目我们可以帮他们解决，这更有利于孩子掌握知识。"

但我要告诉家长们的是，从长远角度来讲，家长们这种陪伴会使孩子的思维变得懒惰，甚至丧失思考的能力，这将非常不利于孩子学业的发展。

在我身边，就存在这样一个明显的教育失败的案例：

邻居家的小孩很聪明，也很好学，家长对他的期望很大。为了使孩子更加用心学习，这个孩子的妈妈放弃了每天晚上看电视和做家务的时间，专心陪孩子写作业、为孩子检查作业。

孩子在小学阶段时，在妈妈的耐心辅导下，成绩一直都不错。但到了中学阶段，随着知识难度的增加，有很多课程妈妈已经失去了辅导的能力，孩子的成绩开始大幅度下降。

但更重要的是，这位妈妈发现，在做作业的过程中，孩子只要遇到稍微有点难度的题目，连思考都不思考就会直接跳过。当她让孩子思考那些难题时，孩子还不耐烦地说："思考什么，到时候老师会讲的。"

据这个孩子的老师介绍，这个孩子在听课的过程中也是这样，从来不会进行深入的思考，而且遇到听不懂的内容就会直接跳过，课下也不问老师。

结果可想而知，由于没有养成良好的学习习惯，这个孩子上到初二时就感到非常吃力了，没有完成九年义务教育就提前辍学了。

从这个案例中我们可以看出，孩子的提前辍学，家长要承担大部分的责任。如果我们从深层次挖掘就会发现，这个孩子之所以不会独立思考，就是由家长的"陪读"造成的。

是的，我可以明确地告诉家长们，家长陪孩子写作业、替孩子检查作业，这并不是在帮孩子，而是在害孩子，因为它在很大程度上促使了孩子用应付的态度对待作业，或者不动脑筋就把那些难题直接推给家长。

所以，家长要想让孩子养成良好的学习习惯，就要让孩子自己为自己的作业负责。

读到这里，很多家长也许会问："对于那些刚刚入学的孩子，家长也不能陪他们写作业吗？"

的确，那些刚刚入学的孩子也许还不知道作业为何物，或者他们根本不知道应该如何着手去写作业，他们需要家长的指导。在这种情况下，为了使孩子了解在写作业过程中应该注意的问题，家长可以陪孩子写作业。但家长们应该注意的是，这种陪孩子写作业的时间最多不要超过一周，以免孩子产生依赖心理。其实，大约三五天之后，家长就可以"放手"了，让孩子学着自己对自己的作业负责。

当然，家长们也许还会问："如果孩子坚持要家长陪着才肯写作业，我们应该怎么办？"

一位家长这样分享自己的经验：

有一段时间，孩子总是忘记写作业，直到睡觉前，他才想起作业没有写。于是，他常常这样缠着我说："妈妈，我写作业时你陪在我身边吧，这样有不会做的题目我就可以直接问你了。"

我笑着对他说："如果有不会的题目就问妈妈，你的脑子迟早会长锈的。只有你自己与那些难题作斗争，你的头脑才会越来越灵活。"

"那好，妈妈，我不让你教我做题，你陪在我身边总可以吧？这样也许我写得会快些。"孩子继续为自己争取机会。

"宝贝，你写作业时妈妈在旁边会分散你的注意力的。再说，妈妈也有自己的'作业'呀，妈妈每天晚上都要看一会儿书，不然妈妈迟早也会下岗的。所以，你做自己的作业，妈妈也要做自己的作业了。"

就这样，不管孩子用什么样的理由让我陪他写作业，我都用合适的理由拒绝了。从那之后，孩子很少再找理由让我陪他写作业了。

的确，对于这些年龄尚小的孩子来说，他们常常会因为玩而忘记写作业。但即使是孩子到临睡前才想起有作业没有写时，家长也不要批评他们。因为只要家长一批评，孩子就会觉得自己已经为贪玩行为付出了代价，他们就会理所应当地不去写作业了。

当然，在这种情况下，大多数的孩子都会找出各种各样的理由让家长陪他们一起写作业。而家长们也常常会产生这样的想法："已经很晚了，也许我陪在孩子身边，他写起作业来会快一些。"但我要提醒家长们的是，事实并不是这样的。一旦你放弃了原则，这将会对孩子产生至少以下几种坏的影响：

一，孩子会在家长面前刻意表现他的痛苦，这不仅会影响孩子写作业的速度，而且还会影响作业的质量。

二，家长陪写，孩子会产生这样的想法："学习并不是我自己的事情，只要我出现状况，妈妈会立刻帮助我。所以，如果我下次再晚一些想起作业没有写，没准妈妈就会帮我写作业。"在这种思想的影响下，孩子的学习动力和学习积极性也会一点点地减退。

三，在陪孩子写作业的过程中，家长忍不住表现出来的一些情绪，也会对孩子写作业的速度和质量产生一定的影响。例如，很多家长常常会不满地唠叨孩子几句："总是忘记写作业，怎么忘不了吃饭呢！"或者会善意地提醒孩子："下次一定不要再忘记了呀！"再或者不停地催促孩子："快点吧，明天还要上学呢！"不管家长表现出来的是哪种情绪，这都会对孩子的情绪产生消极的影响，从而影响孩子写作业的质量。

所以，上述案例中那位家长的做法是科学的，她没有陪孩子做作业，而是去做自己的"作业"，这既坚持了自己的原则，又使孩子产生了心理安慰。虽然时间已经不早了，但妈妈也在做"作业"，所以孩子也能静下心来写自己的作业了。

由此我们可以总结出这样的结论：为了使孩子养成良好的学习习惯，家长坚决不能陪孩子写作业。当然，如果孩子总是要求家长陪他们写作业，家长可以学习上述案例中那位家长的做法，用巧妙的方法让孩子意识到学习是他们自己的事情，从而使孩子静下心来为自己写作业。

二 孩子写作业慢怎么办?

一位家长曾苦恼地对我说:

我家孩子做其他的事情都挺快,但写作业的速度却慢得出奇。别的孩子半个小时能够完成的作业,我家孩子常常需要一个半小时才能完成。所以,他每天晚上写完作业就已经将近11点了。晚上睡这么晚,早上还要早起去上学,我真怕他的睡眠时间不够。但不管我如何催促,他写作业的速度还是那样的慢,我真不知道该如何帮助他了。

关于一二年级孩子写作业的速度,相信大多数家长都会用"磨磨蹭蹭"和"拖拖拉拉"来形容他们。更奇怪的是,这些孩子做其他事情的速度并不慢,只有写作业的速度慢。这是怎么一回事呢?

在多年的教学过程中,我把孩子们写作业慢的原因归结为以下几点:

1.这是孩子消极怠工的一种表现。

一个二年级的孩子曾这样对同伴说:

每天晚上当我写完作业后,爸爸还要让我做很多课外习题。我讨厌做那些习题,所以我经常故意拖延写作业的时间。如果我写完作业后就已经将近11点了,爸爸就不会强迫我去做那些课外习题了。

本来我有自己的计划,写完作业后,阅读一些自己喜欢的课外书,这样既可以放松一下,又可以增长知识。但让我爸这一闹,我所有的计划都被打乱了。

在引导孩子学习的过程中, 大多数的家长常常会持有这样的观点:只有让孩子多付出一些,他们才会比别人更加优秀;孩子还小,也许他们现在不了解我们的一片苦心,等他们长大后就了解了。

我理解家长们那种望子成龙、望女成凤的心情,但如果家长对这些一二年级的孩子施加的压力太大,不仅不会促进他们的学习,反而还会使他们对学习失去兴趣,从而采用消极怠工的态度来对待学习。

就像上述案例中的那种情况,孩子本来有自己的学习计划,但家长却逼孩子做课外习题。这不仅把孩子原先的计划打乱了,而且还会使孩子感觉到学习很劳累。在这种情况下,孩子消极怠工还是小事,如果家长继续逼孩子做那些没有必要的课外习题,孩子很有可能就会对学习完全失去兴趣。

所以,当你觉得孩子写作业慢得出奇时,你首先应该思考一下是不是自己施加给孩子的压力太大了。如果真的存在这方面的因素,当你让孩子按着自己的方式去学习时,孩子写作业的速度很快就会提升上来。

2.孩子没有掌握科学的写作业的方法。

学习讲究方法,写作业也是讲究方法的。很多孩子写作业的速度之所以会很慢,其中有一个很重要的原因,那就是,孩子没有掌握科学的学习方法。

一位家长讲述过这样一件事情:

我家孩子真是死心眼儿,写作业时从来就是按着顺序写。如果上午学的是数学,下午学的是语文,他肯定是先写数学作业,后写语文作业。

更要命的是,如果在写作业的过程中遇到了难题,他就会一直停留在那道难题上,直到他做不出来急得哭,也不会开始下面的内容。

从这位家长的讲述中我们可以看出,案例中的这个孩子就没有掌握科学的学习方法。他既不懂得根据自己的兴趣去安排写作业的顺序,又不懂得根据难易程度去安排写作业的顺序;一遇到难题就会陷进去,在这种情况下,孩子自然会平白无故浪费很多时间。

其实,大多数一二年级孩子写作业的过程都是混乱的,他们不但不讲究写作业的顺序,而且在写作业的过程中常常还会因为这样那样

的问题而影响速度。例如,铅笔突然断了,他们要临时削铅笔;写着写着作业,他们会突然口渴,然后又去厨房找水或水果;写着写着,突然又被书桌上的那本小图画书吸引了注意力……我们可以想象一下,在这种混乱的状态下,孩子写作业的速度能快吗?

所以,如果你的孩子是因为这种原因影响了写作业的速度,那么家长一定要及时地教孩子一些科学的写作业的方法。例如:

※在写作业之前,做好一切准备工作,例如,喝适量的水,把文具用品都准备好,铅笔可以准备两支等;

※按着孩子的兴趣来安排各个学科的顺序,如果孩子比较擅长学习数学,那家长可以让他们先做数学作业;如果孩子对语文比较感兴趣,家长可以让他们先写语文作业;

※在写作业的过程中,不要把与学习无关的物品放在书桌上,以免分散注意力;

※遇到有难度的题目,可以先绕过去,把那些容易的题目做完后,再来思考那些有难度的题目。

3.孩子的时间观念不是很强。

一二年级的孩子写作业磨蹭还有很重要的一个原因,那就是孩子的时间观念不是很强。一二年级的孩子虽然有了一定的时间观念,但他们的时间观念仅限于迟到了要挨老师的批评、作业写不完就要很晚睡觉。但具体如何才能不迟到,如何才能早些把作业做完,他们并没有明确的概念。

就拿写作业来说,他们一直抱着这样的心理:反正时间有的是,我先玩一会儿再去写作业吧。这种想法在很大程度上助长了孩子磨蹭的行为,所以,要想让孩子改掉磨蹭的坏习惯,家长首先要培养孩子明确的时间观念。

关于这一点，一位聪明的家长这样分享经验：

一次考试结束后，女儿很骄傲地对我说："妈妈，我的好多同学都没有把所有的题目做完，但我却做完了。"

我故意问她："你是如何做到的呢？"

"考试前老师说了，这次考试的题量大，所以一发下试卷来我就开始认真地做，把所有的时间都用在了这张试卷上，所以到最后就把所有的试题都做完了。"

"真是好样的，如果你能把作业当成考试，那每天晚上你一定能省出很多时间来做你想做的事情。例如，做做游戏、读读童话书等。"

女儿心动了，她这样对我说："那我今天晚上就试试，把作业当成考试。"

果真，吃完晚饭，女儿就坐在书桌前写作业，大约一个小时后，女儿就兴奋地喊："太好了，我这么早就把作业做完了！"

但我仍然有点担心地对女儿说："那作业的质量……"

还没等说完，女儿就抢着说："放心吧，妈妈，我是按着考试的标准来做作业的，再说，明天老师还得'判卷'呢！"

从那以后，"把做作业当成考试"就成了女儿摆脱写作业磨蹭的秘诀。

一二年级的孩子或多或少地都已经经历过了考试，考试是培养他们时间观念的最有效方法。在平时写作业的过程中，孩子可以边玩边写作业，但如果他们用对待作业的这种态度来对待考试，那他们将很快品尝到成绩不及格或低分的后果。所以，以后再面对考试时，他们就知道如何去把握时间了。

因此，如果家长引导孩子用对待考试的态度来对待写作业，那孩子很快就能摆脱磨蹭的坏习惯。

三 孩子上课时注意力总是不集中怎么办?

很多一二年级的家长常常向我这样抱怨:"我家孩子的注意力总是不集中怎么办? 就拿写作业来说,写作业的时间还不到 10 分钟,他就会摆弄起铅笔、橡皮来。如果孩子注意力集中的时间总是这样短,那他做什么事情都不会成功。"

在教学的过程中我也发现,注意力不集中是一二年级孩子身上最常见的问题之一。在讲课的过程中,我常常会发现很多孩子要么眼睛黯然无神,要么出神地盯着窗外,要么就是不停地摆弄手中的文具。

那么,为什么这些一二年级孩子的注意力总是不能长时间集中呢?

其实,这与孩子所处的年龄段有一定的关系。研究表明,在一般情况下,这些年龄尚小的孩子注意力集中的时间都不会太长。就拿这些一二年级的孩子来说,在不经过后天训练的情况下,他们的注意力最多只能集中 20 分钟。也就是说,当孩子集中精力写作业 20 分钟后,他就会感觉到有点累,在这种情况下,他们起来运动一下,或做些其他的事情都是很正常的。

读到这里,也许有些家长要说了:"别说 20 分钟了,我家孩子注意力集中的时间常常都不到 10 分钟! "

其实, 孩子注意力集中时间的长短与家长的教育也有很大的关系。在孩子很小的时候,每当孩子哭闹时,大多数的家长都习惯于用动画片、电视节目等来吸引孩子的注意力,以使孩子停止哭闹。

但在这里我要告诉家长们的是,让孩子过早地接触电视,或者长时间地看电视,会在很大程度上影响注意力集中时间的长短。

我们都知道,电视节目的节奏很快,而且摄影机和焦距不停地变化,使得收看者的注意力几乎每秒钟都在变化。在这种情况下,孩子能够长时间地集中注意力,但日常的生活和学习中没有电视节目中那些引人入胜的情节,孩子自然会走神,会被那些他们认为有意思的事情吸引。所以,这就使得孩子注意力集中的时间大大降低了。

所以,对于这些一二年级的孩子来说,家长要严格控制他们接触电视的时间,即使是看动画片,家长也不要让他们长时间地沉浸其中。

一位聪明的家长是这样做的:

为了培养孩子的注意力,这位家长规定,只有在周六的时候才可以看半个小时的动画片。如果孩子十分想看某些经典的动画片,这位家长就会把这些动画片的盘买回来,放在电脑里,每天孩子写完作业后让孩子看一集。

随着孩子年龄的增长,当孩子具有了一定的阅读能力之后,这位家长就不再给孩子买动画片的盘,而是给孩子买书。每天晚上孩子做完作业后,就让孩子大声朗读 10~20 分钟。

这位家长的做法十分科学。对于一二年级的孩子来说,很多家长也喜欢给孩子买动画片的盘,但这些家长把盘买回来交给孩子就不管了,结果孩子往往利用两天的时间就会把整部动画片看完。

孩子这种长时间集中精力看动画片的做法是非常有害的,不仅会损害孩子的视力,而且还会在极大程度上影响孩子注意力集中的时间。但案例中那位家长的做法却非常科学,他让孩子每天在写完作业后看一集动画片,这不仅可以促使孩子更积极地去完成作业,而且对孩子的注意力也是很好的一种保护。

其实,我们之所以说这位家长聪明,还在于他让孩子去大声朗读。教育学家们经过研究发现,虽然这些年龄尚小的孩子注意力集中的时间很短,但通过科学的训练,他们注意力集中的时间是能够逐渐提高

的。而且研究还发现，让孩子大声地朗读，就是提高孩子注意力的一种很好方法。因为在大声朗读的过程中，孩子的口、眼、脑在相互协调，在这种状态下，孩子的注意力是高度集中的，长久如此，这种注意力高度集中的状态就能成为孩子的一种习惯。

当然，在引导孩子大声朗读的过程中，家长还应该注意，每次让孩子朗读的时间不宜过长，大约 10～20 分钟即可。如果时间太长，超过了孩子注意力集中的时间，孩子很容易就会把这项任务当成负担，这更不利于孩子注意力的集中。

除此之外，家长们还可以采用以下方法来训练孩子的注意力：

※帮孩子把学习任务分成几个小块，每完成一小块学习任务，就引导孩子休息几分钟，这样更利于孩子长时间地集中注意力；

※当孩子专注地做自己喜欢的事情时，例如，做手工、观察小动物等，家长不要轻易地打扰他们。当孩子做完这些"工作"之后，家长要及时地鼓励他们："你能这么专注地做一件事，真了不起"，然后引导孩子把这种注意力集中的过程迁移到其他事情中去。

四 孩子不喜欢阅读怎么办?

一位二年级孩子的家长曾苦恼地问我:"我知道阅读可以开阔孩子的视野,但无论我用什么样的方法去引导,我家孩子就是不喜欢阅读,这是怎么回事呢?"

我问这位家长:"你都用什么方法来引导孩子阅读?"

"我给孩子买了他感兴趣的童话书,为了使他在阅读的过程中有所收获,我又给他买了本字典,并告诉他,遇到不认识的字就查字典。这样就既能开阔孩子的视野,又能增加他的识字量了。"这位家长很认真地说。

听他这样一说,我终于知道他家孩子不喜欢阅读的真正原因了。家长带着很强的目的性让孩子去阅读,孩子会感觉到有负担,在这种状态下,他们是不会真正地喜欢上阅读的。

另外,对于二年级的孩子来说,让他们遇到不认识的字就查字典,这种做法也是不科学的。在二年级这一阶段,孩子不认识的字肯定有很多,如果一遇到生字就查字典,这对孩子的阅读是一种打扰,这在很大程度上会破坏孩子的阅读兴趣。

读到这里,很多家长也许会这样说:"让孩子遇到不认识的字就绕过去,这不是在助长他们的囫囵吞枣行为吗?"

其实,家长这样做并不是在助长孩子的囫囵吞枣行为,而是培养孩子对阅读的兴趣。对于这些识字量不是很大的孩子来说,在刚开始阅读时,因为知道自己识字不多,他们常常会对自己的阅读能力没有信心。在这种情况下,如果家长要求孩子自己去查字典,那孩子很容易

就会忘记自己先前的目的，从而把阅读的过程看作是学习生字的过程。这本身就是对孩子阅读兴趣和阅读能力的一种破坏。

关于这一点，一位家长是这样做的：

他拿着一本童话书这样鼓励孩子说："大胆去阅读吧，有不认识的字没有关系，只要能读懂就行。"看着孩子依然很迷茫的样子，他继续对孩子说："如果你觉得一些字会影响你对整篇童话的理解，你可以来问爸爸，爸爸可以告诉你那些字的读音和意思。"

结果，这个孩子的课外阅读进行得很顺利。

对于这些刚刚接触阅读的孩子来说，正是因为他们的识字量不大，他们才需要家长的鼓励。所以，在这一阶段，家长不要带着很强的附加目的去让孩子阅读，例如，让孩子通过阅读增加识字量，这只会给孩子造成更加沉重的心理负担。

上述案例中这位家长的做法是科学的，他不仅鼓励孩子大胆去阅读，而且还主动帮助孩子解决在阅读过程中遇到的难题，这不仅会使孩子在阅读过程中产生轻松感，而且这本身就是对孩子阅读兴趣的一种激发。

当然，在生活中，很多家长会认为，孩子通过自己动手查字典认识的字会记得更牢固。

但事实上，家长的这种做法是没有意义的。任何一个孩子都不喜欢在做事情的时候被打断。在阅读的过程中，即使孩子通过自己动手查字典认识了几个字，但也许就是因为这种频繁的"短路"，孩子很有可能就会从此对阅读提不起兴趣。所以，在孩子阅读的过程中，家长让孩子遇到不认识的字就去查字典的做法，是一种得不偿失的行为。

其实，在孩子阅读的过程中，家长类似的这种得不偿失的行为还有很多。例如，在阅读的过程中，家长故意让孩子去背诵一些"优美的段落"，以提高孩子的写作水平。但我要告诉家长们的是，这些"优美的段落"与孩子的写作水平之间并没有必然的联系。如果某些段落真的引起了孩子的共鸣,孩子自然会记忆和模仿;但如果那些"优美的段落"是家长选出来让孩子背诵的,孩子不一定会承认它优美,在这种情况下,孩子的背诵也是毫无意义的。所以,家长与其让孩子去死记硬背一些没用的知识,还不如让孩子利用这些时间再多读一会儿书。

在与家长们接触的过程中,很多家长也常常会问我这样的问题:"我们应该如何引导那些刚上一年级的孩子阅读呢?"

在一般情况下,那些刚入学的孩子往往不认识几个字,他们基本上不能单独进行阅读。其实,在这种情况下,亲子共读对于孩子来说是很好的一种方法。

一位家长这样总结经验:

儿子很小的时候,我就和他一起读故事书。我一边用手指指着书上的字,一边给他读。渐渐地,他也常常模仿我的语言和动作。

记得儿子三岁那年,有一天,一位同事来家里做客。儿子一本正经地坐在沙发上读书给阿姨听,他一边用手指指着字,一边认真地"读","读"得几乎一字不落。我的那位同事很惊讶地对我说:"这孩子真是神童,小小年龄就认识这么多的字。"

其实,那时候儿子根本不认字,他仅仅是在单纯地模仿我的语言和动作,他把我平时给他读的故事都背过了。现在很多家长都习惯讲故事给孩子听,但我觉得,家长读故事给孩子听有更多的好处,这不仅可以激发孩子的识字欲望,而且还能引发孩子的阅读兴趣。

这位家长说的的确很有道理,讲故事给孩子听不如读故事给孩子听。其实,对于那些刚刚入学的孩子来说也是如此,如果家长每天一起与孩子读一到两个故事,这不仅可以大大增加孩子的识字量,而且还可以在极大程度上引发孩子的阅读兴趣。

所以,由此我们也可以总结出,引导一二年级孩子爱上阅读的科学方法:

※家长要时常与孩子一起读童话、读故事，激发孩子的阅读兴趣；

※孩子遇到阅读困难，家长要及时帮孩子解决，以使孩子的阅读能够顺利进行下去；

※引导孩子掌握科学的阅读方法，如只要不影响对整篇文章的理解，先不要去理会那些生字等，提高孩子的阅读水平。

五 孩子意志力薄弱怎么办?

很多年之前,我曾看到这样一个报导:

某年夏天,中国举办了一个中日少儿野外生存训练夏令营,这次夏令营活动引起了社会的广泛关注。但令人汗颜的是,中国的孩子在野外走了不到几公里,就状况百出:有的孩子说脚起了泡,不肯再继续行走了;有的孩子开始哭哭啼啼,喊着要回家……到最后,真正走完全程的没有几个。而与此形成鲜明对比的是,日本的小朋友无一掉队,全部走完全程,到达了终点。

这一报导引起了中国教育界人士的深入思考:为什么中国的孩子意志力如此薄弱呢?为什么中国的孩子要比日本的孩子差这么多呢?在国际竞争如此激烈的环境下,我们的孩子又凭什么在国际上立足……

其实,很多一二年级的家长都曾这样向我抱怨过:"我家孩子的意志力很差,常常一遇到困难就退缩……""我家的孩子吃一点苦,就觉得天快塌下来了……"但抱怨归抱怨,大多数家长还常常用这样的观点来安慰自己:孩子还小,意志力本来就有限,现在培养他们的意志力很难,等他们长大懂事一点再说吧!

事实上,家长们的这些观点是错误的。的确,从专业的角度来讲,意志是一种十分复杂的心理机能,并且它的形成要孩子付出很大的努力。但这并不表示在一二年级这一阶段,孩子就不能形成顽强的意志力。

从某种角度来讲,在很多情况下,一二年级孩子意志力的形成,与家长的教育态度也有很大的关系。

我曾认识两位家长,他们都望子成龙心切,但他们的教育态度却

有着天壤之别。

第一位家长整天恨铁不成钢，尤其是当孩子遇到困难想要退缩时，他总是批评抱怨孩子："你的意志力怎么这样薄弱呢，你就不能再坚持一下吗？""遇到你这样不争气的孩子，我真是倒霉透顶呀！"……令这位家长失望的是，他的孩子越来越"不争气"，直到现在，只要一遇到困难和挫折，这个孩子就会表现出强烈的紧张感和恐惧感，从而不断地退缩。

另一位家长的教育态度和教育效果却截然不同，当孩子遇到困难时，他总是鼓励孩子说："这没什么，只要你努力去想办法，就能战胜它！"即使孩子到最后退缩了，他仍然会鼓励孩子："你的表现比上次强多了，你应该为自己感到骄傲！"……就这样，在家长一点点的鼓励下，这个孩子从来没有惧怕过什么困难，每次遇到困难，他都会顽强地去战胜它。

每位做家长的都希望自己的孩子尽快拥有那些良好的品质，但需要引起家长们注意的是，不科学的教育态度以及教育方式，只会使这种美好的心愿成为泡影。就像上述案例中的第一位家长，他总是"恨铁不成钢"，总是批评、打击孩子，在这种教育方式下，孩子只能是越来越惧怕困难，越来越对自己没有信心。最后，在紧张感和恐惧感的折磨下，他只能成为一个毫无意志力的软弱者。

但由第二位家长的教育方式我们也可以得出，家长对孩子欣赏和鼓励的教育方式，往往会起到意想不到的积极效果，它能在很大程度上把孩子的潜能都激发出来。就上述的案例，我们可以这样说，是家长的鼓励让孩子不再惧怕困难和挫折，也正是他的鼓励让孩子有了战胜困难的信心和动力……

每当我提倡家长们用欣赏的态度和鼓励的方法去培养孩子的意志力时，家长们都会苦恼地这样对我说："我家孩子小的时候，'鼓励'这种教育方法对他很有效，但现在他都上二年级了，每当我鼓励他时，他都会说我'虚伪'。"

的确,二年级孩子的自我意识已经萌芽,对很多事情,他们已经有了自己的想法。虽然有时家长的语言是在鼓励孩子,但他们的行为却常常表现出对孩子的不满。一个二年级的孩子曾这样对我说过:"每当我遇到困难退缩时,虽然妈妈嘴上说她不在乎,而且还鼓励我下次继续努力。但我能看得出来,对于我遇到困难退缩这件事,她是非常在乎的,因为她会连续好几天都在重复这个话题。"

家长这种心口不一的教育方式,对于那些自我意识已经萌芽的孩子来说根本就是无效的。因为这些孩子已经不是小孩子了,家长这种教育目的太明显的鼓励,往往一眼就会被孩子识破。在这种情况下,家长的鼓励对孩子不仅不会起到应有的教育效果,而且还会使孩子对家长产生反感。

那么,对于一二年级的孩子来说,家长应该如何鼓励他们,才更有利于他们意志力的发展呢?

一位家长这样分享自己的经验:

当女儿一年级的时候,我对她的表现很不满意:遇到难题绕着走;老师批评两句就哭鼻子;有一点头痛就好像自己得了很大的重病……她的意志力也太薄弱了,于是,趁一年级升二年级的暑假之际,我想好好培养一下她的意志力。

暑假的时候,女儿告诉我,她十分想学游泳。我能够感觉到,女儿真的非常喜欢游泳这项运动,因为每当电视上播花样游泳比赛时,她甚至能放弃动画片来看这些比赛。我知道,我培养女儿意志力的机会到了。

虽然我早想给女儿报一个游泳班了,但我没有急于告诉她,而是这样对她说:"学游泳很苦也很累,我怕你坚持不到最后,这样会浪费很多钱的。"

"我不怕累,也不怕苦,我就是想学会游泳。"看女儿决心这样大,

我只好"屈服"，给她报了一个游泳班。

在学游泳的过程中，女儿的确遇到了很多困难：力气太小、速度太慢、动作不到位等。但凭借对游泳这项运动的热爱，女儿很快就把这些困难都克服了。暑假两个月很快就过去了，女儿不仅学会了游泳，而且游泳班的老师还这样夸奖她：她是最具游泳潜能的学员。

之后，女儿凭借自己顽强的意志学会游泳这件事，很快就成为我们全家的特大新闻，女儿也为自己的成功而深感自豪。所以，上了二年级之后，每当女儿遇到困难时，我们就会这样鼓励她："拿出你学游泳的意志力来！"在这样的鼓励中，女儿的意志力真的一点点增强了。

通过这位家长的分享，我们完全可以推翻前面一些家长的观念：并不是鼓励的教育方式对二年级的孩子不起效果，而是家长没有用对鼓励的技巧。我们可以这样说，上述案例中这位家长的鼓励之所以会起到明显的效果，是因为他懂得运用鼓励的技巧。具体来讲，他的鼓励技巧主要表现在以下两个方面：

第一，从孩子的兴趣出发去鼓励孩子。

也许有家长会问：如果这位家长没有给女儿报游泳班，而是给女儿报了一个钢琴班，或者舞蹈班，这个女孩会坚持把钢琴或者舞蹈学会吗？我可以给家长们一个很肯定的答案：一定不会！因为这个女孩的兴趣所在是游泳，而并非钢琴和舞蹈。对于二年级的孩子来说，对于自己不感兴趣的事物，他们是很难坚持把它做完的，在这种情况下，家长也很难对他们进行意志力的培养；但如果面对自己非常感兴趣的事物，即使遇到再多的困难，他们也是不会轻言放弃的。就像上述事例中的女孩，虽然她学游泳的先天条件不是很优秀，如力气有限、速度不快等，但凭借对游泳的热爱，这些困难很快就被她克服了。所以，鼓励孩子在意志力方面有所突破，家长一定要从孩子的兴趣出发，这样才能起到事半功倍的效果。

第二，给孩子创造机会，让孩子去体验成功。

在一般情况下，面对困难，孩子常常会有两种收获：一是收获紧张感和恐惧感；二是收获战胜困难的喜悦感和成就感。对于二年级的孩子来说，如果他们早早地被困难和挫折打败，也许他们今后的一生都将在那种紧张感和恐惧感中度过；但如果在小小年龄，他们就已经品尝到了战胜困难的喜悦，那在面对其他的困难时，他们一定会对自己充满信心。就像上述事例中的那个女孩，每当家长对她说"拿出你学游泳的意志力来"，她就会觉得自己浑身充满了力量。在这种情况下，她会觉得自己变得强大了，困难变得弱小了，而这种感觉的产生完全来源于她的那次成功战胜困难的经历。

所以，由此我们可以总结出培养小学阶段孩子意志力的有效方法：从孩子的兴趣入手，家长创造机会，给她一次战胜困难的成功体验。例如——

※如果你发现孩子对溜冰很感兴趣，那你不妨就给孩子报个溜冰班，让他去体验战胜困难的乐趣；

※如果你发现孩子对画画很感兴趣，那你不妨给孩子机会让他去学习，在学习的过程中让他体验不断进步的喜悦。

六 家长应如何看待孩子的分数?

在教育界,有这样一句老话:分、分,孩子的命根。作为一二年级孩子的家长,你如何看待孩子的"命根"呢?

一位家长曾这样对我说:

分数之所以被称为孩子的"命根",这说明它对孩子来说是非常重要的。所以,为了使孩子取得更好的成绩,我用了很多方法来激励孩子学习。例如,我向孩子许诺,如果他考好了,我就带他去游乐场玩,或者给他买名牌的衣服;我甚至还答应他,如果他能进入班级前五名,我就带他出国去旅游。但令我失望的是,这些方法要么用一两次就失效了,要么根本就不起作用。结果,孩子的考试成绩还总是在下游徘徊。

这位家长说自己用了很多方法在激励孩子学习,但在我看来,他只用了一种方法,那就是物质刺激。所不同的只是,每次所用的奖品不同。为了孩子能够提高成绩,家长甚至用出国旅游来做诱饵。家长如此敢下血本,为什么孩子成绩提高的效果却不明显呢?

其实,孩子的成绩之所以不会提高,是因为家长用错了教育方法。很多家长跟案例中的那位家长一样,认为只要给孩子一定的物质奖励,孩子就会认真学习。但家长的这种做法却常常会起到相反的作用。把物质奖励当成引导孩子学习的诱饵,这是家长贿赂孩子的一种手段。这让孩子不能把大部分心思都用在学习上,而是用在如何获得那些奖品上。久而久之,孩子将会失去学习的动力,从而不能用脚踏实地的态度来对待学习,这更不利于孩子成绩的提高。

一位家长曾这样对我说过："每当他考得好成绩后，即使孩子不要求，我也会给孩子买一些新衣服、新鞋子等以示鼓励。"

听这位家长这样说，我担忧地告诉她："不能把物质奖励与孩子的成绩联系在一起，这会使孩子变得患得患失，使孩子的心变得浮躁起来。"

这位家长有些不以为然地说："如果孩子取得了好成绩我们再不好好鼓励鼓励他，孩子的努力以及所取得的好成绩就会失去意义。"

的确，在教育孩子的过程中，很多家长都有这样的担心："如果我们不向孩子强调分数的重要性，孩子就会忽视分数的重要性。"

其实，家长们的这种担心是多余的。在当今社会中，孩子几乎每天都能听到有关考试的话题：老师在讲、同学们之间在讨论……在这种环境下，往往不用家长说什么，孩子自然就会了解考试的重要性，自然也会希望自己能够取得好成绩。当孩子取得好成绩时，纵使没有家长的物质奖励，好成绩本身也会给孩子带来巨大的快乐，这足以对孩子形成激励作用。

但如果家长总是引导孩子把好成绩与物质奖励联系起来，这会使孩子的学习变得功利，而且还会扭曲孩子真正的学习目的。举个简单的例子来说，如果孩子为了一套名牌衣服去学习，当孩子真的得到了这套名牌衣服，他还会踏踏实实地去学习吗？

所以，正是在这种意义上我们可以说，家长用物质去奖励孩子好成绩的做法，实属一种画蛇添足的行为。从长远角度来讲，这只会影响孩子学业道路的正常发展。

那么，具体来讲，家长应该如何看待孩子的分数呢？

一位家长是这样做的——把孩子的好成绩和坏成绩都看作非常平常的事情。

从孩子上学开始，我们就没有刻意地跟孩子"计较"分数。当别的

孩子的家长都用某些物质来激励孩子时，我们从来不会这样做，顶多就是提醒孩子一句："该考试了，你应该提前复习了。"

当孩子取得了好成绩，拿着成绩单给我们看时，我们从不会兴奋地要给孩子买这买那，而是很认真地对孩子说："很好，这都是你努力学习的结果。"

当孩子的成绩不理想时，我们也不会太惊讶，而是很真诚地对孩子说："一定是哪些地方失误了，我们一起来找一找这些失误到底在什么地方。"

因此，我家孩子从来不会因为自己的成绩而大喜大悲，但有一点很值得一提，他一直以来都用很认真、很踏实的态度来对待学习。

从这位家长的讲述中我们可以总结出他的教育主旨：把孩子的成绩看作很自然的一件事情，孩子考好了，家长不要兴高采烈；孩子成绩不理想，家长也不要垂头丧气，更不要因此而惩罚孩子。

对于孩子的整个学业的发展来讲，这位家长的做法是科学的。在社会的大环境中，在学校中，孩子已经深刻地体会到了好成绩的重要性。也就是说，当孩子取得好成绩时，好成绩本身就是对他们的最大奖励；当孩子成绩不理想时，坏成绩本身就是对他们的最大惩罚。在这种情况下，如果家长再用物质来奖励孩子，或者用暴力来惩罚孩子，这都是画蛇添足的做法。更重要的是，在这一过程中，因为家长的过度参与，孩子还有可能会产生这样的想法：学习不是我自己的事情。从而使孩子失去正确的学习动力。

对于一二年级的孩子来说尤为如此。如果从学习生涯的开端时期，孩子就被家长的物质奖励和惩罚牵着鼻子走，那孩子是很难顺利把整个学习道路走完的。所以，家长对待孩子学习成绩最科学的态度就是：没有物质激励，考好了不奖励，考不好不惩罚。

事实上，家长这种做法也是在引导孩子正确看待自己的成绩。家长可以这样想一想：一个不需要物质激励就懂得去努力学习的孩子、一个不会因为好成绩而骄傲的孩子、一个不会因为坏成绩而沮丧的孩子,他们在学习方面走弯路的机会是不是就会少得多?与其他孩子相比,他们的学习道路是不是会顺畅得多?

所以我们也可以这样说,如果从一二年级开始,家长就能用正确的态度看待孩子的成绩,那在整个学习生涯中,孩子将少走很多弯路。

七 如何教孩子面对生活中的"痛"？

在生活中，很多家长常常会持有这样的观念："一二年级的孩子还小，不应该让他了解生活中的那些苦痛。"于是，在这种观念的影响下，即使自己已经下岗了，家长也不会让孩子知道；即使是亲人去世了，家长仍然这样骗孩子："××是睡着了。"……

当然，也会有家长对这样的观点持怀疑的态度："这种观念科学吗？"

在此，我先不回答家长的这一疑问，而是先给家长们列举这样几个真实的案例：

某 8 岁的女生因无法承受母亲过世的痛苦，而患上了严重的精神疾病；

某 9 岁的男孩因为惧怕死亡，当他发现自己手上的生命线很短时，便用小刀沿着生命线不断地向下滑，以延长自己的生命；

……

相信每一位家长都不希望这种情况发生在自己孩子身上，因为这代表的是孩子的脆弱、无知。当然，一个 8 岁的孩子不能正确地看待人类生命的结束，这说明家长没有给孩子灌输科学的生死观念。由上述的案例我们也可以看出，家长的这种做法是非常不利于孩子的心理健康的。所以，由此上述家长的疑问也就得到了解答，家长那种不让孩子了解生活中苦痛真相的做法，其实是一种欺骗孩子又自欺欺人的做法。

读到这里，也许有家长会说："一二年级的孩子还小，如果过早地让他们了解了生活中的种种苦痛，这是不是也会对孩子的心理造成伤害呢？”

还是拿生死教育来说，随着孩子年龄的增长，每个孩子几乎都不可避免地会接触到死亡，例如，他们所养的宠物小狗可能会突然死亡；在熟悉的人中也许会有人去世……如果家长一直用"睡着了""去了很远的地方"等语言来骗孩子，虽然孩子暂时不会感受到生离死别的痛苦，但他们将永远也不能正确地看待生命的结束。在这种情况下，也许这些孩子都会像上述案例中的孩子一样，因为接受不了亲人的离世而出现心理问题或精神问题。

虽然一二年级的孩子年龄还小，但在这个年龄段，他们的眼光已经从自身的世界中转移出来，开始探索他们自身之外的世界。在很多时候，他们需要了解这个世界的真相，这才更有利于他们心理的健康发展。

一位家长是这样对孩子进行生死教育的：

一天，孩子放学后表情很凝重地对我说："我们班小麦的父亲去世了，小麦好伤心呀，他好像都没有心情听课或做其他的事情。"

"小麦的爸爸肯定不想看到小麦现在这个样子。"

"是呀，谁想看到他现在这个样子呢？他就好像变傻变呆了一样。"

"儿子，你有没有想到，以后总有一天，妈妈也会去世呀？"我很自然地跟儿子聊起了这个话题。

听我这样说，儿子的眼睛里含着泪说："不，不会的，爸爸妈妈永远都不会离开我。"

我抚摸着孩子的头说："生老病死是自然界的规律，如果爸爸妈妈永远不离开你，那我们不就成老妖精了。"

听我这样说，孩子破涕为笑了。我继续对他说："如果有一天妈妈去世了，妈妈希望你比小麦要坚强，好不好？"

孩子郑重地点了点头，我知道，他已经能正确地看待人类的生老病死了。

这位家长是利用移情的办法对孩子进行生死教育的。同学的父亲去世，孩子能体会同学的痛苦，他也希望自己能够帮助同学摆脱这种痛苦，这一时刻是家长对孩子进行生死教育的最佳时刻。由此，这位家长让孩子想象，如果自己的亲人去世了，自己是否也会从此陷入痛苦的深渊中而不能自拔。

在这种情况下，因为有同学的真实经历作为依据，孩子往往能够理智地思考这个问题，所以，他们将会对生老病死有更为深刻的体会和认识。

由此我们也可以得出，对这些一二年级的孩子进行生死教育的最佳方法就是移情法。例如：

当家里的宠物死亡后，家长可以借此机会让孩子去探索人类的生老病死；

当邻居有人去世时，家长可以告诉孩子，死亡是很平常而自然的事情，每个人都不可能永远生活在这个世界上；

当有亲戚去世时，家长可以这样告诉孩子，失去亲人是非常痛苦，但面对这种自然规律，每个人都应该勇敢地去面对；

……

其实，要想使孩子能够勇敢地面对生活中所有的"痛"，家长不仅仅要让孩子正确地面对死亡这种"大痛"，还应该科学地引导孩子去面对生活中的"小痛"。

何谓"小痛"？

与死亡相比，打针、吃药是"小痛"；跌倒了摔破一层皮是"小痛"……但大多数家长却不能科学地教孩子面对这些"小痛"。就拿打针来说，大多数一二年级的孩子都惧怕打针，但家长常常这样安慰孩子："打针有什么好怕的？一点都不痛……"

但家长这种"一点都不痛"的安慰对孩子摆脱打针的恐惧是否有帮助呢？

一次在医院中,我看到这样一幕:爸爸妈妈两人都在拼命地劝大概7岁左右的孩子打针,但孩子却在拼命地挣扎,并且边哭边大喊:"你们都是骗子!"

孩子为什么说家长是骗子呢?其实,我是了解这个孩子的心理的。家长告诉孩子打针一点都不痛,但孩子自己是有感觉的。当他们感觉到打针的疼痛时,在家长那种"一点儿都不痛"安慰的影响下,因为感觉自己受到了欺骗,孩子所感觉到的疼痛就会被放大。所以,在这种情况下,家长那种"一点儿都不痛"的安慰不仅不会帮助孩子,而且还会引起孩子的戒备心理,从而使孩子对打针、对疼痛产生很强的惧怕心理。

那么,作为一二年级孩子的家长,我们应该如何教孩子面对打针这种小的疼痛呢?

一位家长这样分享经验:

一次,我带孩子到医院打预防针,孩子很担心地问我:"妈妈,打针痛不痛呀?"

我用很轻松的口气对孩子说:"打针有点儿痛,但痛得不厉害,就像那天摔倒在地上一样。"

听我这样说,孩子的情绪有所缓和了。打完针后,我问她:"是那天摔倒在地上比较痛,还是今天打针比较痛呀?"

孩子想了想对我说:"差不多吧!"

正是由于这种教育,孩子在面对疼痛时都表现得非常理智。孩子在上一年级时,有一次学校组织打预防针,很多女生都怕得直哭,但女儿却非常平静地对老师说:"我不哭,打针有点儿痛,但哭也不管用。"

是的,如果家长能够用科学的态度去看待孩子的疼痛,那孩子就能理智地去面对疼痛了。

案例中的家长从来没有骗孩子说过"打针不痛",而是每次都告诉孩子"打针有点儿痛",所以,在家长的这种引导下,孩子能够很自然地体会到打针所给她带来的疼痛。当她真实地体会到打针的疼痛跟摔了

一跤的疼痛差不多时，今后再打针时，她就能坦然地面对了。

所以，教孩子正确地面对生活中的这些"小痛"，家长与其安慰他们说"一点儿也不痛"，还不如实事求是地告诉他们"确实有点痛，但痛得不厉害"。这更有利于他们自然地去体会这些疼痛的强度，从而也更有利于他们战胜自己内心的那种恐惧感。